薛芃 艾江涛
等著

追寻三星堆

探访长江流域的
青铜文明

生活·讀書·新知 三联书店

Copyright © 2021 by SDX Joint Publishing Company.
All Rights Reserved.

本作品版权由生活·读书·新知三联书店所有。
未经许可，不得翻印。

图书在版编目（CIP）数据

追寻三星堆：探访长江流域的青铜文明／薛芃等著．—北京：生活·读书·新知三联书店，2021.9（2024.10重印）
（三联生活周刊·中读文丛）
ISBN 978-7-108-06858-3

Ⅰ.①追… Ⅱ.①薛… Ⅲ.①三星堆文化－研究
Ⅳ.① K872.710.4

中国版本图书馆 CIP 数据核字（2021）第 153260 号

特约编辑	曾　焱
责任编辑	曹明明
装帧设计	康　健
责任校对	常高峰
责任印制	董　欢
出版发行	生活·讀書·新知 三联书店
	（北京市东城区美术馆东街 22 号 100010）
网　　址	www.sdxjpc.com
经　　销	新华书店
制　　作	北京金舵手世纪图文设计有限公司
印　　刷	北京隆昌伟业印刷有限公司
版　　次	2021 年 9 月北京第 1 版
	2024 年 10 月北京第 4 次印刷
开　　本	787 毫米 × 1092 毫米 1/16 印张 17
字　　数	127 千字 图 152 幅
印　　数	19,001－22,000 册
定　　价	88.00 元

（印装查询：01064002715；邮购查询：01084010542）

目　录

上篇 | 最美三星堆

传说与史实，主流与支流：古蜀神话 ... 7
  "开国何茫然" ... 7
  中原合流，神话历史化 ... 11

葛维汉是谁？
  ——拉开三星堆考古的序幕 ... 14
  燕家院子 ... 14
  从传教士到人类学家 ... 18
  华西协合大学博物馆 ... 22
  漫长的等待 ... 26

宝墩古城遗址：通往三星堆文化的重要探源 ... 32
  寻址宝墩村 ... 32
  探索史前成都平原 ... 37
  进入三星堆文化 ... 41

三星堆：未完待续的考古现场 ... 45

发现"祭祀坑" ... 51

2号坑：青铜盛世 ... 56

三星堆与古蜀国 ... 64

新坑的期待 ... 67

再探三星堆：坑内万象 ... 70

3号坑：热闹的盛宴 ... 70

4号坑：肉眼不可见的秘密 ... 77

5、6、7号坑：层层叠套的谜团坑组 ... 83

8号坑：将所有坑串联起来的关键 ... 87

三星堆遗址重要出土文物 ... 94

三星堆是一个复合的文化：从古城址谈起

——专访北京大学考古文博学院学术委员会主任孙华 ... 100

对三星堆古城址，目前有哪些基本共识？ ... 100

没有发现墓地，给研究三星堆城制造了一定障碍 ... 104

如何解释三星堆城址的"法天象地"格局？ ... 106

为什么围绕三星堆会出现这么多猜测与假说？ ... 108

金沙遗址：继起的新中心 ... 111

建筑工地上的新发现 ... 111

三星堆与金沙，两个遗址有什么关系？ ... 119

是都邑，还是祭祀中心？ ... 124

金沙遗址重要出土文物 ... 129

下篇 | 三星堆和它的时代：长江流域的青铜文明

鸟瞰商朝时期青铜版图
——专访考古学家李伯谦 ... 143
构建中国青铜文化体系 ... 144
夏商周考古的不同难题 ... 147
中国独特的青铜时代 ... 149

商代青铜哪里来：两大铜矿遗址 ... 150
铜料从哪儿来？ ... 150
铜绿山古铜矿遗址：始采年代的争议与确定 ... 153
瑞昌铜岭：商代如何采冶铜矿？ ... 156

商之南土中心：盘龙城 ... 162
江城武汉的城市源头 ... 162
从吴城到盘龙城 ... 167
盘龙城与郑州商城 ... 170
邻水之道 ... 173

长江流域最早的青铜铸造中心 ... 177

盘龙城遗址重要出土器物 ... 180

可能存在的十字路口：汉中 ... 184
汉水谷地，蜀的起源？ ... 184
宝山的宝 ... 186
县文物库房里的青铜器 ... 192
苏村小冢 ... 196
他们从哪儿来？到哪儿去？ ... 201

汉中铜器群重要器物 ... 205

炭河里：走进"宁乡青铜器群"谜题 ... 208
    "命途坎坷"的四羊方尊 ... 208
    宁乡青铜器之谜 ... 212
    寻访炭河里古国遗址 ... 216
    炭河里人从哪里来？ ... 222

湖南的商代青铜重器 ... 229

商代江南：吴城－新干大墓－牛城 ... 233
    吴城遗址：商文化过了江南 ... 233
    商文化怎样影响吴城？ ... 239
    新干大墓，掀起江南青铜王国的面纱 ... 242
    大洋洲的耕战民族来自何方？ ... 247
    吴城与牛城：双城猜想 ... 249

新干大墓代表器物 ... 253

长江流域青铜时代的文明图景
    ——专访中国社会科学院考古研究所研究员施劲松 ... 258
    三星堆改变历史观 ... 258
    长江流域青铜文明的遗址分布 ... 260
    区域青铜文明的兴衰 ... 261

上篇

最美三星堆

2020年9月的第一个周末，广汉三星堆"祭祀区"的发掘现场举行了一个简单的仪式，意味着时隔34年，三星堆"祭祀坑"即将再次启动挖掘。2019年12月开始，在出土大量青铜器的1、2号"祭祀坑"周围，陆续发现了类似的3至8号坑。这对于三星堆和整个四川考古乃至先秦考古领域来说，都是个令人振奋的消息。因为1986年1、2号"祭祀坑"的出土，让三星堆的青铜器，带着一种严肃、狞厉、神秘、具象的美，成为考古界的焦点，并以神秘的姿态迅速进入大众视野。

　　站在商代的土层上，我们想象着3000多年前，这里发生了什么，要将如此巨大体量的青铜器、玉器、象牙埋入土里？它们是被精心码放好的，在2号"祭祀坑"里，从各种器物层层堆叠，直到最上一层铺满象牙，或许是一场古老国度的宗教仪式就这样被封存在了土地下。直至今天，两个"祭祀坑"出土已有34年，人们仍无法确切地解释很多问题：为什么四川盆地的先民要制造青铜头像？为什么他们倾国力铸造青铜器？这些头像是在蜀地铸造，还是在外地铸造后运至蜀地？作为古蜀国的都邑之一，三星堆人过着怎样的生活？他们的宗教到底如何，又与中原商王朝保持着怎样的联系？这些问题，即使在学界，也依然充满争议。

　　剥去围绕这里的猜测与假说，三星堆文化承载的是非常严肃理性的考古问题和历史脉络——它是先秦考古中的重要一支，也是理解四川地域历史的关键环节，和与之相关联的宝墩文化、十二桥文化等，共同勾勒出古蜀国文明的轮廓。

　　另一方面，三星堆和盘龙城、赣江流域等地的考古发现也让我们确切地认识到，除以中原为中心的商文明之外，在长江上游同时存在着一个相对独立的区域性文明。这些发现重构了中国青铜时代的文明图景，也极大地丰富了中国古代文明的多样性。

　　面对着与1、2号坑有着同样朝向的3至8号坑，我们不禁充满期待。下面会出现什么样新的器物？一直以来，有关"祭祀坑"功能、年代的争议能否有新的证据来给出一个更明确的结论？这几个坑之间有年代上的跨越吗？当8个坑的面貌全部展现在我们面前时，对于古蜀国的认知是否又会发生新的改变？种种问题，等待着解答。（文：薛芃）

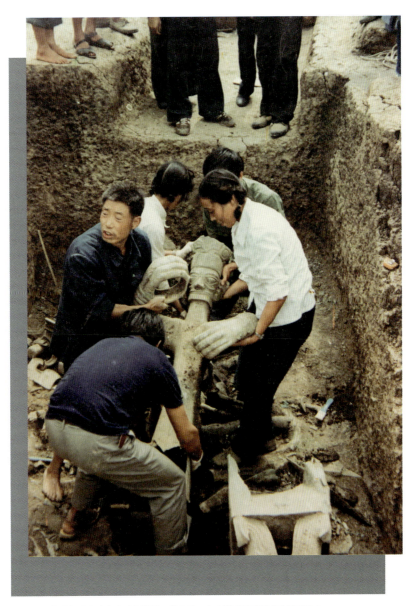

1986年青铜大立人出土时的场景,出土时,立人断成了两截(敖天照摄)

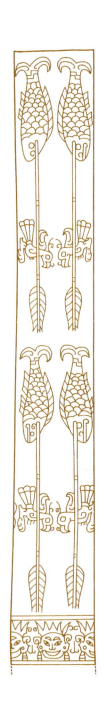

传说与史实，主流与支流：古蜀神话

秦汉之后，蜀地未曾脱离中原文化。古蜀国神话一面在民间延续着本土的"基因"，将古蜀王塑造为至今受祭拜的神祇；一面彻底融入中原神话的叙事之中，成为上古中原帝王世系的支脉。

"开国何茫然"

当李白在《蜀道难》中写下"蚕丛及鱼凫，开国何茫然。尔来四万八千岁，不与秦塞通人烟"时，古蜀国神话一直在大唐的时空里流传。

那是一个横亘在巴蜀大地上，绵延三万四千年的蜀王朝。蚕丛、柏濩、鱼凫是最初的三代蜀王，他们各自活了数百岁，神化不死。那时蜀民稀少，他们盘着锥形的发髻、衣服的前襟向左掩，说话时宾语在谓语之前（"左言"），不通晓礼乐，蜀王成仙时，他们大多也随之而去。鱼凫成仙后，从天而降的杜宇娶了出自江水源头的井中名叫利的女子为妻，他自称望帝，在蜀地称王。在望帝统治期间，蜀民又渐渐多了起来。

望帝统治了百余年，当时楚地有个叫鳖灵的人的尸体溯江而上，在望帝所在的郫地复活，与望帝相见，望帝拜他为相。那时发生了像尧舜时代一样的大洪水，鳖灵则成为像大禹一样的治水英雄。鳖灵治水时，望帝却与他的妻子私通，后深感惭愧，禅位鳖灵后归隐。鳖灵称开明帝，其子也号"开明"，五代之后，辞去帝号,复称蜀王,直到战国时与秦国相遇,为张仪出计所灭。而为秦所灭也未消减此地的神秘,在此驻守的李冰就说汶山是天彭阙,号"天彭门","亡灵、鬼神、精灵都从那里过"。

现实中,四川彝族仍保留着锥髻、左衽的习俗,甚至如今成都方言里也有"左言"的形式,类似的古蜀国神话却只存在于文献中。西南民族大学中文系教授贾雯鹤介绍,历史上,《说文解字》《蜀记》《益州记》《十三州志》《禽经》《水经注》《成都古今记》《括地志》《路史》《蜀中名胜记》等文献中,都有关于古蜀国神话的零星记载,这些书有的已经亡佚,只有佚文还保留在其他书的引文里面。如今可见的相对最为完整的文献,是西汉扬雄搜集蜀地的神话、传说而撰写的《蜀王本纪》,自成书至今,出入不大。

《蜀王本纪》也只有部分文字散落在《全汉文》《太平御览》等书中。除此之外,唯有东晋常璩编撰的《华阳国志》最为详尽。从神话学的角度看,二者中均没有记载古蜀国的创世神话和始祖神话,唯"鳖灵治水"有洪水神话的影子。但在吉光片羽中,仍能发现,"不与秦塞通人烟"不仅是地理上的,也存在于神话层面,在那个与中原文明迥异的文明中,孕育出了独特的神话内涵。最明显的便是望帝与杜鹃的关系。《蜀王本纪》写道,"望帝去时子圭鸣,故蜀人悲子圭鸣而思望帝"。"子圭"即"子规",也就是子巂鸟、杜鹃鸟。而贾雯鹤介绍说,《说文解字》里,"巂"字释为:"蜀王望帝,淫其相妻,惭亡去,为子巂鸟。故蜀人闻子巂鸣,皆起云'望帝'。"这说明"望帝化鸟"是典型的化生母题,与《山海经·西山经》中"钦䲹化为大鹗,鼓亦化为鵕鸟"类似,都是人化生为鸟的神话。不过,在当地流传的民间传说中,化作杜鹃的杜宇,每到农忙时节就"布谷、布谷"地

➔ 四川彝族仍保留着锥髻、左衽的习俗(袁学军摄/视觉中国供图)

叫,提醒农人耕作,却是蜀地的独有情节。"古蜀神话与当地的语言、风物和地域名称紧密相关"。四川省社会科学院文学所神话研究院特聘研究员周明认为,"在四川方言中,杜鹃的叫声与'播谷'非常类似,与中原的神话决然不同。"

依照现有的文献,到东晋时,《蜀王本纪》里收集的古蜀神话便基本只留存在文献中,而诸如"望帝化鸟"等神话,则传播到川外,成为充满传奇色彩的故事和文学母题。按神话的功能来看,神话与信仰息息相关,剥离信仰的神话与其他类型的叙事便不会有根本的区别。不过,在蜀地的民众中间,古蜀王神话的演变却从未间断。蚕丛的转变最为典型。蜀地自古以养蚕出名,百姓企求蚕业兴隆,蚕神的信仰尤为兴盛,有马头娘、嫘祖等多位蚕神,蚕丛也是其一。周明说:"它从在《蜀王本纪》中承担凝聚民族心理的功能,转变为古蜀蚕业发展的象征。"

《华阳国志·蜀志》对蚕丛的描绘是"目纵",也就是像二郎神一样,额间竖着长了第三只眼睛。而最迟到南朝时,蚕丛又穿上青衣。明代的《绘图三教源流搜神大全》中记载,蚕丛氏曾穿着青衣在郊野巡视,教民蚕事,"乡人感其德,因为立祠祀之,祠庙遍于西土,罔不灵验,呼之青衣神"。相传青神县以此得名,并流传着金蚕墓的传说:每年年初,蚕丛都会拿出金头蚕,每户送一头,如此各家的蚕必大量繁殖。日后,金蚕不再给乡民,越聚越多,只得埋在江边,筑成一座蚕墓。在民国时期的县志里,蜀地的古寺中仍有蚕丛的神像——蓝色的皮肤,长着三只眼,脸上有凹凸不平的金色石块,像一条金蚕。据眉山市和青神县的地方志记载,直到民国时期,青神县依然有土主会,每年农历二月初三,地方官员和乡绅都会到青神县北门的青衣土主庙拈香祭祀蚕丛,农户也在这天打扫灰尘、清洁蚕具、做饲蚕准备。直到

20世纪六七十年代，当地人仍保留着崇尚青色服饰的习俗，中老年男性包裹黑色布帕，女性则裹黑色的纱帕。

中原合流，神话历史化

《蜀王本纪》中秦伐蜀的经过有如"特洛伊木马"——秦惠王命令手下雕刻五头石牛，放置金子在其后，牛下有饲养员，告诉蜀人这是天牛，拉出来的是金子。蜀王深以为然，派出士兵千人，命令五丁力士把牛拖进蜀地，最终有三头拖到了成都。秦因此获得了通蜀的道路，随即派遣丞相张仪等人，沿着石牛道伐蜀。

这自然并非史实，而是将史实加工后的传说，《蜀王本纪》中与秦伐蜀有关的情节几乎都是这样。在周明看来，这是与蚕丛演化为蚕神等神话本地演化并行不悖的另一条发展路径——随着蜀地并入中央王朝的版图，古蜀神话融入中原神话的系统。实现这一演变最为根本的途径，便是神话历史化。它在常璩的《华阳国志》中最为明显。

作为中国最早的地方志，常璩按照班固《汉书》的写法书写《华阳国志》。历史学家顾颉刚曾比较《蜀王本纪》与《华阳国志》的区别，指明后者比前者的成书年代晚了三年多，《蜀王本纪》时，民间尚有传说流传，所以能够撷取街巷之谈成书，而常璩书写《华阳国志》时，秉承"子不语怪力乱神"的中原文化标准，对《蜀王本纪》中的神话加以清理。望帝从天而降的情节在《华阳国志》中消失，反说他"教民务农"，甚至将他与鳖灵妻子私通、羞愧退位的情节，也改为因鳖灵除水害，于是"法尧、舜禅授之义，遂禅位于开明帝"。《蜀王本纪》中有"上天为蜀王降下可以搬走蜀山的五丁力士，五丁力士立大石，万人不能移"的情节，在《华阳国志》中，五丁则不过是普通的蜀人，他们所立的大石，乃是蜀王死后的墓碑。

除了删改不合常理的情节，神话历史化更为重要的转变，是通过叙述统一的历史，把蜀地塑造为中原文化难以分割的一部分。顾颉刚分析其背后的原则是，"秉'民无二王'之训，将蜀之称帝、称王者，悉归之于'周之叔世'"，也就是将古蜀国王的世系纳入中原王朝的世系之中。

《华阳国志》里，开国的蜀王蚕丛不再是凭空而来，他的祖先被追溯到黄帝，"黄为其子昌意娶蜀山氏之女，生子高阳，是为帝颛顼；封其支庶于蜀，世为侯伯。历夏、商、周，武王伐纣，蜀与焉"。在周代时，蚕丛被限制在巴蜀地区，不得与其他诸侯会盟，后因周失纪纲，身为蜀侯的蚕丛开始自立为王。

融入中原神话系统的表现，不仅体现在祖先源于中原，也体现在三皇五帝也出于蜀地。学界对此的解释不一，贾雯鹤将其视作中原神话历史化后，将人化的神"安排"在蜀地的结果，周明则将其视作生活在蜀地的古氐羌族东进融于华夏系统的过程中，在神话层面的对应产物。

从文献中可以看到的现象则是，三皇五帝的谱系里，高阳即颛顼，乃大禹的祖父。中原神话中曾作为创世神的大禹，在《蜀王本纪》中已成为汶山郡广县人，只有"禹母吞珠孕禹，坼副而生于县涂山"保留着神话的色彩。在同时代的其他著作中，对大禹"兴于西羌""生于石纽"的表述也并不少见。而在《华阳国志》里，大禹的出生地有神力，"夷人营其地，方百里不敢居牧"。

《华阳国志》中蜀王世系的形成时间，又是谶纬之学兴盛的时期，原本没有创世神的古蜀国被纳入到人皇之下——"蜀之为国，肇于人皇，与巴同囿"。四川博物院的辛艳曾在《〈蜀王本纪〉与〈华阳国志·蜀志〉比较研究》中分析常璩的依据，是"人皇"曾在《洛书》《春秋命历序》等汉代纬书中出现。《洛书》中记载，人皇在地皇之后出现，分九州为九囿，派兄弟分头管理。蜀在秦岭之南，恰属于人皇的一囿。

组成谶纬之学符码的五行学说也渗透进神话的建构之中，使历史化后的神话人物，仍具有解释世界的合理性，引得民众信仰。像大禹获得皇位、开启世袭制的先河一样，鳖灵接受皇位后，历经九世，开始建立宗庙，宗庙以五行建立，"以五色为主，其庙称青赤黄白黑帝也"。甚至蚕丛的青衣也由此而来。贾雯鹤认为，"因为蚕事主要在春季进行，按照五行的观念，春天与青色相配。《礼记·月令》里就记载，季春之月，天子要'衣青衣'，而由后妃'劝蚕事'"。

因而，古蜀国神话历史化后的版本，所体现的并非常璩一人的观念。即便谶纬之风散去，统一于中原的世系，对蜀地的解释框架，也被当地民众广泛接受，成为蜀地神话的"底色"。在后世的民间信仰中，蚕丛的青衣不再脱下，他的身份也由蜀侯而成为蜀王。

（撰文：刘畅。参考资料：顾颉刚著《论巴蜀与中原的关系》，辛艳著《〈蜀王本纪〉与〈华阳国志·蜀志〉比较研究》）

葛维汉是谁？
——拉开三星堆考古的序幕

1934年，华西协合大学博物馆馆长葛维汉组建了一支考古发掘队，在广汉月亮湾对三星堆遗址进行了首次发掘，从而揭开了20世纪最重要考古发现之一的序幕。葛维汉到底是谁？为什么是这个西方人最先发掘了三星堆遗址？那次发掘对半个世纪后，1986年三星堆1、2号"祭祀坑"的相继被发现有着什么影响？

燕家院子

当车驶过三星堆1、2号"祭祀坑"遗址，拐进旁边一条小道，1986年那次发掘的领队、三星堆考古工作站前站长陈德安开始兴奋起来。与三星堆博物馆周边全是农家乐的热闹主路不同，这里是一副平静的村庄景象，大片的稻田，正赶上收割的时节，光着膀子的农民把稻谷撒到水泥路面上晾晒。

车继续向前行驶，陈德安指着路边一处与周围别无二致的杂草堆说，我们从这里先经过古壕沟，然后是古城墙，就进入当时的宫城了。在1986年发掘之后的30年里，四川省文物考古研究院对三星堆遗址周边的土梁埂又进行了发掘，发现了古城墙的位置，也确定了以古代宫殿区为核心的遗址区域。

不过在将近一百年前，当地人并不知道这些小土坡便是古老

1934年葛维汉（左四）与考古队在燕家院子发掘现场
(四川大学博物馆供图)

的三星堆城墙，尤其是那一道斜在古城中心位置的月亮湾城墙，从外表看只是个半圆形的弯曲土坡，好似一弯明月，所以被当地人称作"月亮湾"。而月亮湾南面不远处有座小山，有三个小圆山丘，当地人则把它们视为星座，称为"三星堆"。1934年，三星堆遗址最初的发掘者葛维汉（David Crockett Graham）来到这里后，也没有看出这些土堆底下埋藏着巨量的古蜀文明遗存，不

葛维汉是谁？ 15

过他发现了一些端倪，在日记里说，看到月亮湾和三星堆后感受到了一种神秘力量——风水。"附近这块土地是显著而强烈的风水之地，并且是广汉的风水中心。若能观察到它的正确方位，我们认为该地的风水是极强烈和非常有益的。反之，做了错事，风水就要伤害人。"

沿着小路再往前走，就看到一片宅院，燕开建的家紧挨着小路和灌溉稻田的水渠。这里被叫作燕家院子，因为燕家一百多年来一直住在这里，如今燕开建和他的五兄弟、七姐妹是左邻右舍，已经有了重孙子。燕开建几乎褪去了农民的影子，腰板挺直，叼着烟嘴，被无数媒体采访过的他聊到三星堆时侃侃而谈，随口就说出"新石器时代"这样的词。在被问起最初三星堆遗址的发现地点时，他熟练地带着我走到自家墙根，一跃蹦到了草丛里，"就是这里"。

1929年春，他的曾祖父燕道诚和祖父燕青保正是在这里为自家水渠挖蓄水塘时，偶然从沟底挖出了一块玉器。燕道诚并非普通农民，秀才出身的他一眼就认定这是好东西，于是默默将土填回去，待到夜深人静后，再回来将它挖出。圭、璋、琮、璧，燕家父子陆续挖出400多件玉石器。孰料自打宝物进门后，家中连遭厄运，父子相继染病，一年后，燕家决定破财消灾，遂将部分宝物或送人，或出售，一时间"广汉燕家有宝玉"的消息盛传坊间。

消息传到了在广汉传教的英国传教士董宜笃（Archdeacon Donnithorne）耳朵里，董宜笃是剑桥大学的博士，能说一口流利的中文，对中国文化很感兴趣，他从燕家要走了五件玉石器，存放于当时成都教会学校——华西协合大学的博物馆内。三年后，刚刚出任华西协合大学博物馆馆长的考古学专家、美籍教授葛维汉在整理博物馆馆藏时看到了这些玉石器,立刻意识到这些东西很古老,具有考古学价值,于是联系董宜笃,带着考古队去了广汉。

葛维汉外国人的身份太敏感了,不过广汉县县长罗雨苍是个开明之人,为他申请到了发掘许可,并派了80名士兵保护他们。他们在燕家院子期间,附近村庄发生过好几次绑架富人索要赎金的事件,于是他们白天发掘,晚上更换不同的留宿地点躲避土匪。

十天的发掘工作,出土器物及残件600余件,葛维汉据此写下《汉州(广汉)发掘简报》,成为历史上第一份三星堆遗址考古发掘报告。葛维汉将出土陶器、玉石器与安阳殷墟、渑池仰韶村、奉天锦西(今辽宁葫芦岛)沙锅屯出土器物的器形、纹饰进行了比较,认为存在着一个与中原保持联系的当地文化,推测其年代约在新石器时代末至周初,约为公元前1100年,并因此提出了"广汉文化"的概念。在发掘过程中,葛维汉发现,他们挖的每处探坑,离地表很浅的地方都有文化堆积层,如果继续发掘,还会有大量陶片、玉石器等器物出土,但"这些只有待未来的考古学家们去清理发掘",葛维汉在考古简报里这样写道。

实际确实像葛维汉预言的那样。燕开建告诉我,他小时候,也就是四五十年代时,还能在附近的田间沟渠里捡到破损的玉石器。家里堂屋中间的祭台上摆着爷爷捡来的玉琮,巨大的石璧被放在米仓地上当作谷物的防潮垫。50年代初,为了响应国家号召,爷爷把家里剩下的玉石器全部上交国家,和大哥一起将大石璧绑在鸡公车(手推车)上推到广汉市。而三星堆则在经历了1956年地下文物普查、1963年冯汉骥发掘之后,终于在1980年迎来了全面发掘,1986年发现"祭祀坑",2012年发

燕开建站在曾祖父1929年首次发现三星堆遗址的地方（蔡小川摄）

现"宫殿坑"，由此出土大批青铜器、玉石器，成为尽人皆知的三星堆。

如今在三星堆博物馆的展厅中，第一部分展品依然会是燕家院子出土的玉石器，排在那些著名的青铜器之前，大石璧上刻着燕家人的名字，证明着这段历史。每次讲解员说到整个三星堆的发掘史，都会从葛维汉开始讲起。那葛维汉到底是谁？

从传教士到人类学家

葛维汉的外孙克里斯托弗·胡根戴克（Christopher Hoogendyk）告诉我，尽管葛维汉一生中有过多重身份，教育学家、语言学家、宗教比较学家、文化人类学家、艺术品收藏家、生物学家、考古学家，但他最初是以传教士的身份来到中国的，只不过是"少有的受到科学家尊重的传教士，以及少有的受到传教士认可的科学家"。

葛维汉出生在基督教家庭，早在惠特曼学院上大学时就决定献身基督，成为传教士。随后他进入纽约罗彻斯特神学院学习，曾影响过马丁·路德·金和图图大主教的饶申布什（Walter Rauschenbusch）教授也深深地影响了他。饶申布什倡导基督教人文主义，认为传教不仅仅是传播福音，更为重要的是帮助他人。

1911年，葛维汉与妻子艾丽西亚·莫雷（Alicia Morey）从旧金山乘坐蒸汽轮船抵达上海，那是一个动荡的中国，他们在跨太平洋的轮船上得知发生了辛亥革命。在经过了一年的中文学习后，他们从上海乘轮船来到四川叙府（今宜宾），自此开始了长达36年的四川生活。

"他相信要帮助穷人，帮助病人，所以他的确也身体力行地在关心、帮助别人。"胡根戴克说，因此即便在中国经历了军阀混战、袁世凯称帝、五四运动、北伐、抗日战争和解放战争，葛维汉在当地从来没有遭受过暴力对待。

20世纪初的四川是基督教在中国传教的重要地区。1910年时，英、美、法、加等国在四川设有13个教会，传教士515人，所建医院、药房、学校、孤儿院、救济所近千处，发展的教徒数量排在全国第三位。葛维汉在叙府的最初几年专注于传教士的工作，多次到珙县，住在苗寨里，给学校赠书、任教、修运动场，带着苗族学生去成都读书。不过几年后他的兴趣就转移了。

当时他看到欧洲各国传教士在四川搜集动植物和历史标本，并将这些标本送到欧洲博物馆，于是他给美国史密森学会写信，后者同意出资聘请他为标本收集员。此后的 20 年里，在四川各地传教的同时，葛维汉进行了 14 次历时数月的长途旅行，为美国国家博物馆收集了 4 万件鸟类、昆虫、爬行动物和哺乳动物标本，其中 9 个是以他名字命名的新品种。他说过，"如果我见不到别的什么，光是看见眼前的景色也值得我远远地走这么一趟"。

葛维汉坚持为自己所进行的探险活动记下详细的日记，这些日记被保存在史密森学会档案馆。通过这些日记，我们可以发现他的兴趣在 20 年代中期又开始转移了。1923 年他第一次去打箭炉（今康定），虽然此行的目的是搜集生物标本，但他不禁对当地藏族的喇嘛庙、节日和宗教着迷。松潘、黄龙沟、峨眉山、瓦屋山之行同样如此，他以搜集生物标本为名，记录下大量少数民族部落及其文化风俗。他开始翻译佛教和道教的书，也曾在文章里试图用英语解释金石学和阴阳理论。这些兴趣，都成了他从传教士转向人类学家的催化剂。

1926 年，他在返回美国度假期间整理了这些年的笔记，在此基础上完成了自己的博士论文《中国四川省的宗教》（Religion in Szechuan Province, China），同时他开始在芝加哥大学学习初民心理学和文化人类学。当再回到中国时，他已经写出了三篇小型民族史作品，兴趣从动物世界转向了人的世界。随着不断深入了解当地少数民族，他也在思考怎样保护少数民族的语言和文化免遭现代化的影响而消亡。

1930 年发表的《叙府寺庙》就是这种思考的产物。他感到当地寺庙有可能会被拆除，便用最笨的方法将每座寺庙都列入名单目录，对佛寺、道观和其他庙宇进行统计，并对庙里的神像进行了描述。"不必罗列出结果，这些记录下来的名字就能自己说明自己了。"这种担心甚至让他对自己的传教士身份产生了犹豫。秉持文化相对论的人类学家们,最害怕自己前往一个原始村庄做田野调查后,带来的变化导致一个独特社会在现代化面前彻底崩溃。他们认为,积极介入、干涉当地文化的传教士往往是破坏性的,应该保持不介入。

葛维汉在一篇题为《基督教葬礼上的香火》的文章中表达出自己的这种矛盾。他发现,在中国人开设的基督教教堂里,会有人烧香。文章由此展开,讨论如何处理这种微妙局面:如果外国教士把香拔了,就会激起中国人的愤怒,因为这触动了中国人的祖先崇拜。葛维汉在文章中详细解释了烧香对中国人意味着什么,并引出了一连串发问:"如果中国的基督教堂里烧香,那么怎么向其他地方的基督教徒解释呢?未来历史学家会如何看待这种习俗?非基督教徒的中国人是否会因为看到基督教堂里烧香而将基督教与其他迷信混为一谈?有没有更好的办法,既保留烧香又能体现新的价值?"

葛维汉深受美国文化人类学之父弗朗兹·博厄斯(Franz Boas)的影响,后者认为,一种文化的历史表明了这种文化模式的起源,而只有通过了解这些起源,才能真正理解这种文化。由于担心自己所代表的西方价值观会影响对这一文化的真正判断,每次田野调查,葛维汉都会大量搜集人类学样本,并翻译大量诗歌、传说,但并不急于对这些风俗文化做出结论。他所做的就是搜集素材,等后人有了更高的理论能力再做解释。

就在发表《基督教葬礼上的香火》的同一个月,葛维汉离开中国,返回美国,开始了在芝加哥大学和哈佛大学长达两年的学习。等再返回中国时,他开启了自己人生的下一篇章,被任命为华西协合大学博物馆馆长。

1934年玉石器从燕家院子出土后便在华西协合大学博物馆做了展览（四川大学博物馆供图）

华西协合大学博物馆

如今从四川大学华西校区东门一进来，有两栋几乎一模一样的建筑，右手边是当年华西协合大学的校办公楼怀德堂，左手边则是大学博物馆。博物馆外观是仿唐代的歇山式屋顶，进到屋内，却发现与穹隆连接的空间宏大宽敞，有种教堂式的肃穆。踏上木质楼梯来到二楼的环形走廊，屋梁之上错彩镂金的装饰画充满中式元素，而半圆形券的拱柱上则刻着美国的雄鹰浅浮雕。40年代梁思成来华西协合大学时专门参观过这幢建筑，并在他的《中国建筑史》里对英国建筑师荣杜易（Fred Rowntree）的设计做出评价，认为这种糅合中西建筑的探索之作在手法上并不成熟。

20世纪初，成都在逐渐成为华西传教中心的同时，美、英、加三国的五个差会联合创办华西协合大学，旨在"借助教育促进基督教事业"。大学行政管理设置则仿照牛津、剑桥大学的体制。当时在四川的一批医学、教育传教士会聚到华西协合大学任职教师，该校就这样成为20世纪初华西边疆研究的学术重镇。

华西地区独特的人文地理环境，使他们相信此地大有可供研究的地方。华西协合大学首任校长毕启（Joseph Beech）曾说，"由于冰川运动在美洲大陆和欧洲毁灭了很多植物和动物，我们只能从化石中知道它们，但在华西则完全不同，西北高山和横断山脉使这里具有亚热带气候，谷深山高使各种动植物生存下来，是研究动植物和人种学的宝库"。1914年，华西协合大学美籍教师戴谦和（Daniel S. Dye）受校长之命建立华西协合大学博物馆，"收集有科学价值的物品"。

不过当时因为受资金限制，博物馆没有能力收购藏品，戴谦和只能靠自己的人脉到处说服在四川的各国传教士捐赠藏品。戴谦和本人虽在华西协合大学教地质学，但他喜欢中国传统窗格，收藏过一大批，他的夫人喜欢观鸟，捐给博物馆很多鸟类标本；英国传教士叶长青（James H. Edgar）是华西史前石器最早的发现者之一；陶然士（T. Torrance）则是当时唯一研究羌族的西方人，也是确认汉朝崖墓的首位外国人。这些传教士向博物馆捐赠过很多自己在中国发现、收购的青铜器、陶器和瓷器，也将自己以前在其他地方的收藏拿出来，葛维汉也在捐赠者之列。这些捐赠构成了华西协合大学博物馆丰富、独特的数千件馆藏。

1929年，华西协合大学博物馆获得了哈佛研究学社的基金资助，戴谦和于是萌生了请葛维汉来当博物馆馆长的想法。在一封1930年给戴谦和的回信中，葛维汉说华西地区的少数民族文化正在消亡，因此应该建立一个以人类学、考古学为基础的博物

1934年首次发掘三星堆，左一为林名均

馆。1931年，葛维汉返回美国，先在芝加哥大学师从柯尔（Fay-Cooper Cole）学习考古学，随后又在柯尔的推荐下去哈佛师从胡顿（Earnest Albert Hooton）学考古和人类学。两年后葛维汉回到成都，正式出任华西协合大学考古、艺术和人类学博物馆馆长，同时开始在文学院教授文化人类学和考古学。他举家从叙府搬到了成都，在这里一直住到1948年退休回国。

四川大学博物馆（华西协合大学博物馆即其前身）研究员谌海霞告诉我，如今博物馆还完整地保存着葛维汉当年制作的各式档案资料，极其完备，每件藏品流传有绪。总账本记录着每件藏品的详细资料，包括年代、编号、采集人、采集地、描述、捐赠人，甚至还有照片以及一段中英文描述，这样厚厚的账本有14本，每一本几百上千页。除了账本，还有1.9万多张分类卡，同样有着详细的说明，并且检索方便。

不过，当初这项工作太过繁杂，葛维汉便向学校董事会提出申请，增派一名助手来配合他的工作。华西协合大学中国语文系毕业的林名均后来成为他的助手，直到1945年离开博物馆，十余年里两人成了工作和学术上的良师益友。葛维汉称刚到博物馆的林名均是"未经训练的中国秘书"，言语间透露着对林名均的失望。葛维汉让他进修自己为华西协合大学讲授的考古学、文化人类学课程，带他去成都琉璃厂考察和收购器物。尽管缺乏现代考古学和博物馆学的专业知识，但林名均国学基础深厚，擅长考据，编制馆藏目录时，葛维汉撰写英文部分，林名均编制中文部分。

与此同时，古董圈子开始流传外国馆长要买文物秘密送去国外的传言。为了打消这些怀疑，葛维汉邀请成都各界名流来参观博物馆，请他们吃饭。博物馆出不起钱，葛维汉就把人请到自己家里。胡根戴克回忆说，他的祖母，也就是葛维汉的妻子艾丽西亚厨艺名扬当地，名流来家拜访，她总能奉上一桌丰盛的宴席。她雇当地厨师，再教他们怎么做西餐，从他们家出来的中国厨师都有了名，搞得成都其他传教士总想挖走他们家的厨师。胡根戴克现在还留着自己母亲复制的当年祖母的菜谱，上面既有中国菜，也有美国菜，以及自创的中西融合菜。

"祖父是个非常乐于交际的人，他非常喜欢中国人，"胡根戴克回忆，"有一次他回美国的时候，说他觉得美国人太无趣了，太严肃，都不开玩笑，而中国人就风趣幽默很多，和他们在一起，常常能听他们讲好玩的笑话。可能是当时中国社会生活艰难，在充满不确定的危险环境里，幽默也不失为一种令人放松的法子。"

葛维汉也邀请平民百姓来看展览，并亲自担任讲解员，向他们解释这些藏品的教育意义，并承诺所有东西都将永远保存在四川人的博物馆。不久之后博物馆就变得极受欢迎，成为当时西南地区最为著名的博物馆之一。

当然，他也没有忘了考古。在美国系统学习了考古学之后，回到中国的第一次考古发掘就在华西协合大学附近，他在学校南大门外 30 里处发掘出了宋代老琉璃厂窑址。随后他又在整理博物馆馆藏时，发现了燕家院子出土的玉石器，当即认定很具有考古价值，便带着林名均去了广汉，第一次三星堆考古发掘就此开始。

漫长的等待

重新翻看葛维汉撰写的发掘简报，依然极其震撼。他在文章中附上了几张手绘的地图，十几幅发掘时拍的照片，发掘现场图表、地形图，标明发现陶器碎片的地层图，以及每一件出土器物的详细图画、描述、尺寸。

他借鉴从哈佛大学学来的考古学方式，动员华西协合大学各领域的专家来协助记录。作为华西协合大学地质学家的戴谦和用测径器测量了这些出土玉石器的硬度，并在低焦强度透视镜下对其纹饰做了记录，在玉刀、玉剑和玉凿上发现有金属线锯刻划的痕迹，与周代使用的方玉、玉璧、玉剑和玉凿的纹饰相似。华西协合大学化学系的柯利尔（H. B. Collier）对出土的陶钵碎片进行了详细的化学分析。成都加拿大学校校长黄思礼（L. C. Walmsley）是一位美术家，与葛维汉一起用标准色素图鉴定出土陶器的颜色。林名均则与葛维汉一起修复了一些出土陶器，发现这些陶器与河南仰韶遗址出土的器形相似，只是略宽一点。

他们比照中国考古学家李济编撰的《安阳发掘报告》第一部分，发现广汉与殷墟出土器物中存在着相同的绳纹纹饰，据此认为，广汉文化与中原和华北地区的史前文化在文化传播上有着明显的联系。不过当时葛维汉也清楚，殷墟与广汉文物的明显区别在于，广汉没有像殷墟一样出土大量的青铜器、甲骨文和骨器。

葛维汉让林名均草拟了发掘简报，还请他给郭沫若写信介绍发掘成果。林名均不仅成为参与发掘三星堆遗址的第一位中国人，也因与郭沫若的学术通信而备受国内学界关注，为他之后代表华西协合大学博物馆参加40年代冯汉骥、吴金鼎主持的王建墓（永陵）发掘打下了基础。在回信中，郭沫若说："我希望将来你们在这项工作有较大的进展……谨记着要迅速地进行发掘，探索四川史前文化，包括民族、风俗习惯以及认清他们与我国其他地区的文化接触。这些是极为重要的问题。"

遗憾的是，不像安阳殷墟那样，发掘工作不断地进行，三星堆自1934年首次发掘以后，就长期停顿了下来。这使得人们对三星堆遗址和三星堆文明的认识在相当长一段时间里处于停滞不前和发展缓慢的状态。

随着1933年起陆续实施《古物保存法》，外国人被禁止在中国进行考古发掘工作，葛维汉无法再申请到发掘遗址许可证，不过当地方修建公路或机场遇到古遗址时，地方政府会指定他去做考古发掘，政府保留发现的文物，而葛维汉可以根据这些文物撰写考古报告。

除了在去华东长途游历途中参观了安阳殷墟，并不时组织华西协合大学博物馆收购古董市场上的文物样本以外，葛维汉不再从事考古方面的工作。他的兴趣再次转移，将大部分时间都花在对川苗和羌族山村的考察上。此后他多次深入川苗和羌族地区进行人类学考察，学语言、观风俗，与当地人交朋友。他还将苗人歌手带到成都，让音乐家把他们的音乐记录下来。他也研究四川彝族倮倮的语言、音乐，以及他们的喝酒习惯。

中国随后进入全面抗战时期，他也不可避免地被裹挟在洪流中。他在美国休假时发表演讲，呼吁美国政府停止向日本运输战争物资，在回成都的路上困难重重，最后是华西协合大学博物馆的同事苏立文（Michael Sullivan，后来成为研究中国艺术的著名汉学家）开着卡车走滇缅公路将他带回来。后来他又受当时中国政府之命去山里捕捉大熊猫，作为礼物以促成美国对中国的援助。珍珠港事件之后，他在华西协合大学的家成了英美军人的避难所，昔日负责招待宴会的妻子照顾着大家。

与此同时，葛维汉在1934年对三星堆首次发掘后提出的"广汉文化"概念不断发酵。在郭沫若和徐中舒之后，顾颉刚梳理了当时所记有关巴蜀的多数材料，首次提出"巴蜀文化独立发展说"，认为巴蜀融合中原文化是战国以来的事，并提出了中国文明多元起源的问题。1941年卫聚贤通过对巴蜀青铜器的研究，提出"巴蜀文化"命题，进一步引起学术界热烈论辩。林名均则在与葛维汉一起发掘三星堆十年之后撰文，提出广汉文化分期的观点。自此，对巴蜀文化的讨论便不再只拘泥于传统考据学框架，一批著名学者纷纷加入讨论，以考古材料印证、补充或纠正文献材料，并首次将巴蜀作为独立发展起来的古国加以看待。

20世纪50年代起，"资阳人"、"巫山人"、广汉三星堆、成都金沙遗址等考古新发现陆续出现，成都平原巴蜀考古的序幕才算正式拉开。

不过这些葛维汉都没有参与。1948年，他从华西协合大学退休，在参加了17场告别会后，沿着长江顺流而下，到达上海后乘船回国，结束了他在中国长达36年的生活。在美国科罗拉多州恩格伍德镇，他利用自己在中国搜集的丰富材料和研究成果，安心写作。

直到1986年,三星堆遗址首次发掘52年后,三星堆文化才被世人熟知(敖天照摄)

1986年,四川省文物考古研究所考古人员在修复刚出土的象牙(敖天照摄)

刘章泽作为实习生参加了1986年三星堆"祭祀坑"的发掘,他现在是德阳市考古队队长(蔡小川摄)

当年他在苗寨收集了苗族歌谣和传说故事 700 多个，将其中 659 个译成英文，出版了《川苗的歌曲和故事》（*Songs and Stories of the Ch'uan Miao*）。他因《中国西南部羌族的习俗和宗教研究》（*The Customs and Religion of Ch'iang*）获得古根海姆奖。1961 年，去世两个月后，他的最后一部著作《中国西南的民间宗教》（*Folk Religion in Southwest China*）出版，书中有他在宜宾、成都、乐山、雅安、夹江等地做过的庙宇调查，研究过的四川、西藏东部和云南汉、苗、彝、羌和藏族的宗教，以及他与很多方丈、道士、喇嘛、活佛和平民的交谈记录。

1963 年，四川大学历史系等单位在冯汉骥教授带领下再次发掘了三星堆遗址的月亮湾等地，认为三星堆遗址可能是古代蜀国的"中心都邑"；20 年后，三星堆遗址迎来了真正意义上的全面发掘。

（撰文：张星云。参考资料：李绍明等编《葛维汉民族学考古学论著》，周蜀蓉著《发现边疆：华西边疆研究学会研究》。感谢实习生杨雯对本文提供的帮助）

宝墩古城遗址：
通往三星堆文化的重要探源

成都双流机场30公里外的新津宝墩村，是距今约4500年的宝墩古城遗址所在地。1995年9月，宝墩古城遗址的发现，将成都的历史往前推进了约800年，进入了新石器时代。紧接着，在温江鱼凫村、郫县古城、都江堰芒城、崇州双河和紫竹古城、大邑盐店、高山等地先后发现7座与宝墩古城具有相同文化特征的史前古城遗址，其中又以宝墩古城发掘最早、遗址面积最大、最具有典型性，学术界因此将这一文化命名为"宝墩文化"。宝墩文化集中分布在成都平原，与川东、川北、川西北同时期的文化有一定联系，在四川盆地中心地带形成一个相对独立的文化区，将成都平原纳入中华文明"多元一体"起源的格局之中，同时也为三星堆文化的起源提供了重要线索。

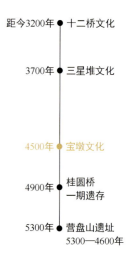

距今3200年　十二桥文化

3700年　三星堆文化

4500年　宝墩文化

4900年　桂圆桥一期遗存

5300年　营盘山遗址 5300—4600年

寻址宝墩村

听闻宝墩古城遗址仍在持续发掘后，我们在蒙蒙细雨中驱车抵达宝墩村。眼前村民们随意搭建的几层砖瓦小楼，掩映在泥泞道路旁半人高的杂草中，向我表明这是个货真价实的村庄，和我设想中如同良渚、盘龙城等遗址观光景点的样子相去甚远。出租

宝墩古城遗址（蔡小川摄）

车司机好奇地询问我是不是这里人，是回老家吗，似乎不敢相信来这儿还能有什么其他目的。但正是这座远离成都平原中心、甚少为人所知的古城，在延续800年的光阴里孕育了古蜀文化的源头，为我们探索长江上游古代文明提供了线索。

根据地图显示，古城遗址就在附近，试着往来路倒退了约百米，写着"宝墩古城遗址"的砖红石碑出现在右手边，一条石径从它背后穿过，通往不远处的稻田。前来迎接我们的唐淼是宝墩遗址发掘现场的负责人，他告诉我们此时所处的位置正是古城内城墙的遗址。宝墩古城有着内外两层城墙，外城城址面积约276万平方米，内城城址面积约60万平方米，是目前长江中上游发现的最大的龙山时期（距今约4350—3950年）城址。

宝墩村存在一处古城的事实早为世人所知，相传这里是三国时期诸葛亮七擒孟获的"孟获城",因为地处新津龙马乡,当地人又称其"龙马古城"。在20世纪50年代,四川省文物部门便对此地进行过地面调查,但主要是针对城墙之上和遗址之内的汉代墓葬;80年代以后,成都市博物馆考古队(后来的成都市文物考古工作队)先后对此地多次调查,但均未采集到早于汉代的物品,于是推测这处古城为秦和战国时期城址的可能性较大。直到1995年秋天,成都市文物考古工作队、四川联合大学考古教研室与新津县文物管理所组成的联合调查队首次对该遗址进行钻探、试掘,才证实地面上的土垣确实为人工夯筑的城墙,大量出土的陶器和石器与三星堆遗址一期和绵阳边堆山遗址的器物比较

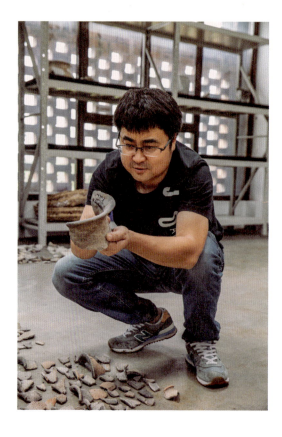

宝墩古城遗址发掘现场负责人唐淼(蔡小川摄)

宝墩古城遗址的城墙上如今植被繁茂（何锟宇摄）

接近。一座距今约4500年的史前古城就此显现在人们面前。

实际上，在1934年，时任华西协合大学博物馆馆长的葛维汉在发掘三星堆遗址时，已经发现了新石器时代的一些文化遗物，这是成都平原最早发现的新石器文化遗存，但是当时该时期的出土文物数量较少，学术界对这批遗存认识并不清楚，没有将其与三星堆文化明确区分开来，在其后几十年内被统一归类为三星堆一期。直到宝墩遗址被发现后，大量新石器时代的文物出土，它的文化特征才逐渐清晰。

虽然我内心早已做好准备，太过遥远的新石器时代不会留下太多痕迹，但目之所及，似乎全部要依凭想象构建出的古城还是令我迷茫起来。唐淼大概已经习惯了来访者的这种反应，转身沿着旁边的小道向深处走去。当我以为这是要回发掘现场时，他却踏步登上路边的土丘。"感受一下,这就是城墙。"唐淼跺了跺脚示意说,"这里没有修整过,所以留下来是什么样子就是什么样子。"

如果不是有人告知,这座田埂边的小土丘不会引起我任何注意,上面已经长出茂盛的树木,杂草丛中连个落脚地都难以寻觅。"现在这上面大概还有 10 多米宽,早期(城墙)是比较宽的,上面 20 多米,下面 30 多米,横切面呈梯形。"唐淼解释道。宝墩古城的两道城墙都是夯土城墙,这是流行于长江流域的一种斜坡堆筑城墙的方式。"修建夯土城墙的一项重要功能便是抵御洪水,此外,城墙建得这么宽可能也是作为水患来临时的避难所,因为成都所处的冲积平原几乎没有高地,上面可能还修建了一些抵御外敌、野兽的设施,这种推测源于长江下游良渚遗址的城墙上也发现有柱洞的痕迹。"

因为这种城墙土含砂少、黏性好,当地人觉得好烧砖,发掘之前将外城墙取得差不多了,就连我们路过的内城墙也有不少直接整个截断的部分。所幸考古队发现了外墙的壕沟,外城墙的位置基本上是通过壕沟确定的。"我们目前推测有两道城墙是因为人口的扩张,最早的古城在内城墙里面,但随着城市发展内城面积不够用,开始扩张到外城,然而外城墙没多久就被洪水冲毁了。"唐淼补充道。

宝墩古城遗址的发现改写了成都平原的历史。"它证明 4000 多年前成都平原的人群不仅有定居的村落、发达的农业和文化,更重要的是他们已经开始修筑规模宏大的夯土城墙。"成都文物考古研究院副院长、研究员江章华是当年成都市文物考古工作队的主要负责人之一,他说,20 世纪 80 年代后期到 90 年代,中国考古界掀起了寻找史前城址的热潮,在内蒙古长城地带、黄河中

成都文物考古研究院副院长、研究员江章华（蔡小川摄）

下游以及长江中下游都发现了很多龙山时期的城址。学术界一般认为城是聚落发展到一定阶段的产物，城的出现说明在史前时期我国社会可能发生了巨大变革。通常，修建城墙这种大型工程体现了公共权力的出现，聚落出现分化，城与乡村分野，说明这个时期已经开始出现文明。这些城因此成为探索中华文明起源的一个重要信息。"成都平原在秦汉文献里还被认为是蛮夷之地，学术界以前都不认为成都平原这么早就会有城，而且有这么多城，规模还那么大。"江章华说。

探索史前成都平原

为什么史前人类会在宝墩修筑城址？这得从四川盆地的地

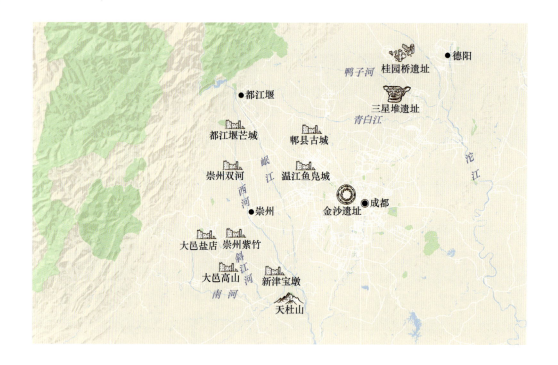

成都平原上,宝墩文化八座古城遗址的分布示意图(部超制图)

理特征和当时的气候环境说起。四川盆地整体地势北高南低,东西两侧偏高,中部较低,可分为川西平原(或成都平原)、川中丘陵和川东平行岭谷三大区域。其中成都平原是由河流沉积作用形成的冲积平原地貌。在新石器早中期,四川盆地的文化很不发达,川中和川东地区缺少冲积平原,不利于农业发展。川西平原虽以冲积平原为主,但史前仍处于洪水泛滥、泥沙沉积的过程中,不利于人类活动。

在距今大约5000年前,地质历史进入了全新世亚北方期,全球气候逐渐由温湿变冷、变干燥,这对人类的活动造成了影响。2000年以来的考古研究,在川西高原岷江上游和大渡河上游地区发现新石器时代文化遗址和遗物采集点达80余处,其中茂县营盘山遗址总面积达15万平方米,距今5000年上下,文化遗物丰富,整体特征与中国西北的马家窑文化接近,比如陶器制作主要为泥条盘筑和手制，高领器的颈、肩、腹粘接，在器内留有明显的粘接痕。马家窑文化人群位于黄河上游地区，以种植小米（粟、黍）为主，由于黍和粟的生长需要一定的温热条件，可能因为气候的变化，人们被迫向四川盆地和更南地区迁徙，发展粟黍旱作农业。

"其中很大一部分人群沿着嘉陵江、岷江向四川盆地迁徙，他们中的一部分进入包括重庆峡江地区在内的川东，成为所谓的哨棚嘴文化人群，长期坚持种植小米；还有一部分进入成都平原，因为成都平原多河流、沼泽，适宜种植小米的地方很少，为适应环境，尤其是人口的增长，到了宝墩时期，这部分人被迫转变生计，从长江中游人群那里学习种植稻米。此时成都平原地区与长江中游地区之间有了交流和学习，小规模人群移动的可能性存在，但至少没有大规模的人群迁徙。通过这种学习和交流，屈家岭、石家河文化的因素在宝墩文化中出现；城墙的修筑方式与屈家岭、石家河文化一致；生计模式也升级为以种植水稻为主，兼种小米。此外，还有一小拨人沿着横断山区一直向南，根据现有的材料可以看出他们最远抵达滇西的洱海地区，但因为势力较弱，很快被新的一拨人给同化了。"江章华解释。

然而，要证明宝墩文化（距今4500—3700年）来自以营盘山遗址（距今5300—4600年）为代表的新石器文化，还缺乏几百年中间环节的证据。这种设想得到有力论证是在"桂圆桥一期遗存"被发现后。2009年，德阳什邡市桂圆桥遗址下层发现距今约4900年的新石器文化遗存，其文化特征介于营盘山新石器文化与宝墩文化之间。同时，通过分析桂圆桥一期的粮食作物，发现黍的数量占了绝对优势，另有少量的苋科和粟，没有发现水稻。直到宝墩文化一、二期之交，水稻才出现，并在二期偏晚期占据绝对优势。此外，近年来在成都大邑县高山古城遗址下层和宝墩遗址下层，还发现了少量早于宝墩文化、晚于桂圆桥一期的陶器，明显属于桂圆桥一期与宝墩文化之间的过渡性遗存。

由此推测，在距今 4900 年前后，由于平原地区河谷下切和降雨减少等因素的共同影响，水患灾害减轻，川西高原的人群进入平原地区。最初这批人的主要活动集中在平原北部、西部至西南靠近山地相对较高、更加适宜种植小米的边缘地区，到了距今4500 年前后的宝墩文化初期，长江中游的水稻种植技术传入成都平原，他们开始小规模种植水稻。随着对成都平原多水环境的不断适应，人群逐步从成都平原冲积扇的环形前缘地区进入腹心的温江鱼凫村、郫县古城等区域。到了宝墩文化中晚期，成都平原的腹心地区出现了大量的聚落点，唐淼指出，"以这个区域为中心，除了这几座城址外，周围还分布了很多小型聚落，整个宝墩文化在急剧扩张"。

与此同时，与自然的对抗还反映在宝墩人对城址的规划思路上。因为成都平原河流众多，为了增强城址的抗洪能力，这些城墙的走势顺应了河流和台地的走向，与其保持一致。比如上游地区近山地带的河流多为南北向，因此芒城村、紫竹村等上游城址和其形成的台地也多为南北向；下游或腹心地带的河流多为西北—东南向，所以宝墩、鱼凫村等下游或腹心城址和其形成的台地也多为西北－东南向。这种因应水势和台地的城市规划在成都平原数千年的历史中贯穿始终，广汉三星堆古城走向即与鸭子河的流向相同，唐代末期修筑的成都罗城走势也顺应河流走向。

对环境的不断适应促进了人口的扩张，也促使社会向更复杂化的方向演进，聚落逐渐出现分化。通过考古发现，宝墩文化聚落的基本结构是以家户为基本单元。在宝墩文化四期以前，社

城墙游埂子西段探沟（资料图，摄于2009年）

会结构相对简单，墓葬中基本无随葬品，看不出家族间有贫富分化，整个聚落群很可能是一种平等性质的联盟。但到了宝墩文化四期，成都十街坊遗址、化成村遗址的个别墓葬中出现了骨饰品或石工具等随葬品。1997年发掘的三星堆仁胜村墓地属于宝墩文化四期左右的大型聚落，出土了代表特殊身份的显赫物品——玉器。考古学者认为，以仁胜村为代表的宝墩文化四期聚落内部明显出现分化，拥有一定权力的特殊阶层开始出现。

进入三星堆文化

古蜀文明又是如何从宝墩文化进入三星堆文化的呢？

在宝墩古城遗址现场，我们看到大量的陶器碎片，这是唐淼领导的考古队主要的发掘所得。这些在外行人眼里形制类似的陶

器是宝墩文化最重要的历史记载。陶器因为寿命短、数量大、变化快,是考古学中进行文化变迁研究最主要的对象之一。虽然这些出土陶器提供了丰富的历史信息,但以陶器为主的宝墩文化又是如何快速发展为我们所熟悉的三星堆青铜文明的呢?

在江章华看来,三星堆文化跟宝墩文化区别太大,一定是有大量外来的人群和文化进入,将宝墩文化同化,最终形成三星堆文化的。"这可以从陶器和青铜器两方面来看。首先,三星堆文化的陶器明显跟宝墩文化不一样。宝墩人制作陶器是源自西部甘肃马家窑文化人群的习惯,因为崇尚自然,他们不太重视器物的造型,但是重视器物的装饰,所以陶器的造型很简单,但是上面有绳纹、附加堆纹等装饰,口缘还做成花边。而东部人重视器物的造型,线条很复杂,不断地转折,但是不重视外表装饰,几乎都是素面。三星堆的陶器明显大量来自东部的传统,造型很丰富,

从宝墩古城遗址出土的众多陶器碎片,需要经过清洗、分类、修复、统计、标本选取等步骤进行处理(蔡小川摄)

不重视装饰。其次，三星堆的青铜铸造技术实际上来源于中原地区，但是明显落后于中原地区。一直到东周时期，巴蜀地区的青铜铸造技术水平都不是很高，没办法铸造过于复杂的器物。春秋战国巴蜀地区出土的精美青铜器也几乎都来自于楚地和中原地区。"

此外，江章华指出，三星堆文化中出土的大量用于祭祀仪式的玉器，表明此时成都平原地区已经具备了将玉用于仪式活动的观念和文化。然而，这种观念最早实际上出现在以良渚文化为代表的东部地区，并非继承自宝墩人的习惯。三星堆仁胜村5号墓出土的3件玉锥形器，均为典型的良渚文化玉器，表明成都平原承自良渚文化影响的玉观念和玉文化，在宝墩文化晚期已深入到四川盆地的腹心地区。而到了三星堆文化时期，出土的包括陶盉、铜牌饰、牙璋等器物还存在典型的二里头文化特征。

"四川从来都是移民文化，凡是中原地区和长江中下游发生重大的社会动荡，比如战争，人群就会大规模进入。"江章华主张将这种从宝墩文化到三星堆文化的变迁放在大的社会背景下考量，"随着石家河文化、良渚文化的衰落，宝墩文化和哨棚嘴文化也紧跟着衰落了。在这样一个社会动荡的时刻，大量的人群移动，一些人可能将玉和青铜的铸造技术带入了四川盆地。这是三星堆文化形成的背景，所以三星堆文化才会跟之前的宝墩文化存在很大的不同，是一个突变"。

宝墩古城最终被洪水摧毁。如今，在宝墩古城遗址上，一片片稻子随风摇曳，诉说着史前人类逐步探索成都平原的遥远历史。仍在继续的考古发掘正在试图揭示古蜀文明是如何从简单社会迈向复杂社会的。从宝墩文化后期来看，聚落之间已经出现分化，位于三星堆的聚落可能掌控了一些特殊资源或者某些特殊物品的贸易渠道，成为强势聚落，其他弱势聚落自愿或被迫依附于

三星堆聚落,最终导致了文化中心的转移。

江章华认为,"宝墩文化补足了长江上游史前文明的发展。从考古角度,宝墩文化和三星堆文化的价值不在于文明的发展有多高,而在于它处在一个特殊的阶段。当成都平原进入青铜时代后,它的社会还停留在以原始宗教和仪式维持的阶段,这很独特,不同于中原地区的商周文明,给我们提供了另外一个文明的范例,一种新的人类适应环境和生存的方式。所以考古的目的就是能够从中获得新的关于人类自身的知识,理解人类文化变迁的多种路径和方式"。

(文:陈璐)

宝墩村的村民们正在对清理后的碎片进行编号、分类(蔡小川摄)

三星堆：未完待续的考古现场

距今3200年 ● 十二桥文化

3700年 ● 三星堆文化

4500年 ● 宝墩文化

4900年 ● 桂圆桥
一期遗存

5300年 ● 营盘山遗址
5300—4600年

从1986年两个"祭祀坑"被发现到现在，已过去34年。在广汉的三星堆博物馆和位于成都的四川省文物考古研究院的库房内，仍存有大量青铜残片，等待着研究和复原。我们对三星堆的了解还有多少空白，以至于有关三星堆的很多问题至今难以定性？

三星堆博物馆的修复中心实验室里，郭汉中拿出个绒布方盒。盒子里躺着一件青铜器物，不大，手掌心刚好放得下。一眼就能看得出，这是三星堆的东西——人形的雕像，脸型方方正正，大耳高鼻，双眼凸出，嘴巴扁而宽大，头顶有些残损。小雕像长着一副典型的"三星堆式"人脸，却架在鸟的身上。羽翼缺了一半，只剩下右侧，造型被抽象地塑造成宽展的"3"状，像是个随时可以上劲的发条。

这件被称为人首鸟身像的青铜物件，1986年出土于三星堆遗址2号"祭祀坑"，缺损的部分比较多，但主体保存得很好，小巧而雕刻精美，跟同时出土的青铜面具、立人、头像虽大有不同，却是一脉同支。

在这个小东西身上，浓缩着人们对三星堆的无尽疑问：为什么会出土这么多人面青铜器？为什么它们长得如此独特？它们是如何被铸造的？那些硕大的青铜器从何而来？这些小而精的青铜物件又是做什么用的？存在于三四千年前的三星堆人是怎样的一群人？他们从哪儿来？他们是如何生活的？跟出现时期有所重合

三星堆：未完待续的考古现场　　45

的中原商王朝有什么关联？三星堆文化又存在了多久？……

但眼下，对于考古工作者来说，这些从出土就一直伴随着三星堆的种种疑问，都没有文物本身的完整性来得重要。

2020年9月10日，郭汉中和他的修复团队第一次从当年出土的大量青铜残片中，找到了一枚人首鸟身像的残部件。绒布方盒里，还躺着另一小块青铜残件，长有六七厘米，镂空雕刻着精美的几何纹饰。"这是鸟身像上缺失的鸟尾部分，昨天我们才找到，匹配上。你们今天正好能看到，太幸运了！"郭汉中把鸟身和鸟尾拼接起来握在手上，鸟尾翘得很高，打破了原本雕像的静态感，一下子"活"了起来。

青铜人首鸟身像，修复师最近才找到缺失的鸟尾，整件器物应是三星堆3号神树上的一个部件（蔡小川摄）　　郭汉中正在为人首鸟身像的鸟尾制作陶范（蔡小川摄）

修复师郭汉中和待修复的一个青铜尊（蔡小川摄）

找到鸟尾，只是个开始。

像这样的人首鸟身像，在三星堆出土的青铜器中很少。它们都不是独立存在的，而是附着在一件大型青铜器上的零部件。其中有一个形似的，铸在出土的青铜神坛上。经过反复地比对确认，这枚人首鸟身像，原本应该是在一株青铜神树的枝端。1986年从三星堆"祭祀坑"刚出土不久，郭汉中的师傅杨晓邬和团队就花了几年时间，复原出1号神树，通体高3.96米，是目前国内出土的体量最大的青铜器物，如今陈列在博物馆的展厅内，成为镇馆之宝。而这一件，被定为3号神树。与1号相比，3号精巧得多，只有1.1米左右，是未来几个月郭汉中和他的团队修复的重点器物之一。

库房里，正在修复中的3号神树显得不太起眼，三根树枝

三星堆：未完待续的考古现场 47

展厅内的 1 号神树
（蔡小川 摄）

现任三星堆考古工作站站长雷雨（蔡小川摄）

各像麻花辫一样交缠向上，枝干有些单薄，"孱弱"地倚在墙角，枝干上满是暂时黏合的痕迹，要靠钢筋支架的支撑才能立得住。根据出土的残部件来看，"祭祀坑"内的神树应有6至8件，选择现在修复3号，是因为3号的残件相对多，复原起来把握较大，也更有助于学术研究。

从1986年两个"祭祀坑"被发现到现在，已过去34年。在广汉的三星堆博物馆和位于成都的四川省文物考古研究院的库房内，仍存有大量青铜残片，等待着研究和复原。它们原本是什么样？它们的复原会不会成为解开某一个三星堆小谜题的钥匙？我们对三星堆的了解还有多少空白，以至于有关三星堆的很多问题至今难以定性？

当种种遗留的问题摆在我们面前无法解答时，三星堆考古迎来了一次新的突破——从2019年12月开始，在1、2号"祭祀坑"的周围，现任三星堆考古工作站站长雷雨和他的同事又陆续发现6个相似的器物坑，四大两小，朝向一致，都是东北-西南走向。

里面埋了什么？还会有造型独特的人面青铜像吗？会有其他新器物出土吗？新坑即将开始发掘，人们期待着这次发掘可以给三星堆的诸多疑惑带来一些确切的解释。但是，当一些问题得到答案时，一定会带出新的困惑。考古的魅力便是如此，未知的历史成为牵引考古工作者不断探索地下秘密的原动力。

自1929年在村民燕道诚家院子里出土玉器以来，三星堆考古已经历91个年头，其间虽有中断与坎坷，但始终有新的发现。与大多数考古不同，从出土大量青铜面具和奇异雕像的那一刻起，三星堆就以神秘的姿态迅速进入大众视野。没人见过这些东西，也没人解释得清，人们无法说服自己，这些东西不是天外来物。出土器物成为人们假想的母本，相关假说与推测铺天盖地袭来，将原本就扑朔迷离的考古难题包裹得更加神秘，更充满戏剧性。剥去这些不着边际的假说，三星堆承载的是非常严肃理性的考古问题和历史脉络——它是先秦考古中的重要一支，也是理解四川地域历史的关键环节。

解读三星堆，还得先从1986年发现的两个"祭祀坑"说起，因为它们足够特别，包含的信息量足够巨大。

发现"祭祀坑"

三星堆遗址位于四川省广汉市，是四川盆地目前发现的最大的先秦遗址。广汉在成都的东北方向四五十公里处，虽隶属德阳

三星堆考古工作站前站长陈德安,他与陈显丹一起主持了1986年"祭祀坑"的发掘。二人合称"二陈"(蔡小川摄)

市,却是个省辖县级市,有着特殊的行政级别。

初至遗址,有些辨不清方向。陈德安带着我们穿梭在遗址区的田间地头:"我们现在脚下是古代三星堆的南城墙,这是唯一一段现在可以行车的城墙遗址。""原先穿城而过的马牧河河床是很宽的,你看看现在都快没水了。""1929年就是在这个院墙根出土大石璧的,院子已经翻新了几轮,现在正面临着拆迁,发愁得很。"今年67岁的陈德安是1986年发掘"祭祀坑"时的考古队队长,谙熟这一片土地。

依着陈德安的指引,爬上一个土坡,有六七米高,"这就是所谓'三星堆'的其中半'堆'"。

"三星堆",其实是遗址区中的三个土堆,有学者认为这三土堆曾经是一道相连的城墙，而现在残损的三个土堆只剩下半个了，高度也比从前降低了些。

"三星堆"这个名字，最早的出处已无从考证。清嘉庆年间的《汉州志·山川志》里说："三星伴月堆，至西十五里。"在三星堆土堆的东北方，有另一道残破的土城墙遗址，形似弯月，被称作月亮湾城墙。于是，当地人就给这个景观起了个"三星伴月"的雅称。

站在这仅存的半个"堆"上向西南望去，便是"祭祀坑"的方向。

"发现'祭祀坑'，是偶然的，也是必然的。"陈德安说。因为在此之前，从1980年开始，三星堆考古进入正式的科学考古阶段。到1986年，三星堆考古已经进行了连续6年的发掘，器物、墓葬、城墙，每年都有不同的发现。

发现"祭祀坑"之前的每一天，几乎都能"挖出点什么"——泥质红陶虎面、灰陶蟾蜍、陶塑双面猫头鹰、朱红色漆器残皮、跟二里头出土形制非常类似的三足形炊器或是青铜牌饰等。在1986年3至5月的这次发掘中，分了三个区域，发掘总面积有1000多平方米，其中第三区的文化层堆积最厚，发现的文物最多，最厚的地方可达16层文化堆积，为四川新石器时代晚期到夏商周的考古研究建立了年代学体系。这些出土和大范围的勘探，好像都在为一个更重大的发现做着铺垫。

尽管如此，"当时三星堆遗址什么都不是，连县保都不是"。但在考古学上，1981年的那次遗址发掘之后，"三星堆文化"这个命名被正式提出。也是在这几年，三星堆文化的分期有了一个基本共识：第一期在新石器时代晚期，第二期处于二里头文化至商早期，第三期相当于商代中期或略晚，第四期则在商代晚期至西周早期。这样，三星堆遗址和三星堆文化的遗存就摆脱了无序，而走向有序。

陈德安的搭档、考古队副队长陈显丹在他的日记中写到，他们在3区的两个探方内的第五层，分别发现了两块残"砖"，宽度约14厘米，一块是内红、外呈青灰色，一块则更接近红烧土的颜色。他认为这两个探方的地层是没有被扰乱的，所以排除了晚期遗物混进早期地层的可能性。那么，按照地层的年代大胆推断，这甚至有可能是3000多年前蜀人烧的砖。但样本太少，不足以证实这个假想。

类似的推测每天都在发生。三星堆文化究竟意味着什么？在巴蜀文化这个坐标系里占有什么样的位置，能达到什么样的高度？仅仅是陶器和玉器吗？陈德安和他的同伴们希望找到这些问题的答案。

7月18日，村民陈历志正在三星堆的"土堆子"那儿帮忙回填探方，听同伴说几十米外挖到了玉器，便连忙跑去看。"刚出来的是玉器，我们也不晓得是些啥子，都抢着看，就是看稀奇。那时候人都好单纯嘛。"在玉器周围，还有大量海贝。"我们叫海粑子，串起给娃儿戴着，能辟邪。"陈历志说。

陈历志家离"祭祀坑"最近，直线距离不过五六十米。从出生到现在77岁，陈历志一直住在这里。考古发掘除了专业的考古工作者，帮忙的村民是另一个重要群体。经过一些考古发掘的基本训练，加上实地操练，他们很快就能上手，成为考古工地上的"熟练工人"。在1986年的整个三星堆发掘现场，像陈历志这样的村民有上百人。

"二陈"（陈德安、陈显丹）也赶了过去，一边踏勘现场，一边收回村民手中的玉器。露出玉器的现场距离地表接近两米，周围还有大量木炭、灰烬和骨渣。"这是一个重要的墓葬坑吗？""二陈"第一次做出了直觉性的猜测。"秦汉时羌人进入成都平原龙门山一带，羌人有火葬习俗。根据地层判断，这会不会是一个羌人的火葬坑？"陈德安说挖1号坑时有各种猜测，因为有大量骨渣出现。但骨渣虽多，却不能立刻判断出是不是人骨。

随后的几天，考古队员和工人们一直在清理这个"墓葬"。一同工作的，还有四川大学考古系的一些学生，"二陈"需要边负责发掘工作，边教学生基础的田野考古技能——怎么看地层，怎么绘图，怎么给出土的每一件文物做标签，每下一个探方都要反复思考：这是个灰坑（生活垃圾坑）吗？是房屋遗迹吗？有人类活动的痕迹吗？

陈德安清楚地记得，那年的7月，广汉很热，天气闷得很，时常会打雷，总觉得天要下雨却一直下不下来。这种无法预测又让人提心吊胆的天气，对于每天在野外发掘的考古队员来说，压力很大。"一旦下雨，田里的水容易翻起来，这样就会对文物造成破坏。但一直光打雷不下雨，土质又干又硬，很难控制。反倒是夜晚土质会有些许回潮、回湿，是发掘最好控制的时候。"就这样，发掘现场24小时连轴转。

到了7月底，金杖、金面具、龙虎尊、青铜人像陆续出土，人们看到了一个不可思议的地下世界。发掘进行得很顺利，坑内所有器物都——呈现，各个类别堆放在不同方位——大型的玉石器主要在坑的东南坑壁附近，青铜尊、青铜头像和其他青铜容器的残件在西南部，象牙在中部，尤其是一批大象的门齿在坑内从北向南呈"一"字形排列，金杖在坑正中偏西的位置。所有这些器物和排列方式都是谜题。

三星堆"祭祀坑"一角

要深入研究这些坑,先要搞清楚两个基本问题:一是坑的功用;二是坑的年代,以及三星堆文化的分期和坑在这个序列中的位置。

2号坑:青铜盛世

一年之后,1987年10月,1号坑的考古简报刊登在《文物》期刊上。简报中,第一次将这个坑称为"祭祀坑",而不是刚出土时猜测的墓葬坑。暂时得出这样的结论,一是因为"坑内骨渣大多泛白,一部分呈蓝黑色,骨渣里杂有竹木灰烬,坑内看不见烟熏痕迹。因此,这些骨渣在入坑前就已被焚烧砸碎。根据骨渣残片观察，这些骨渣大多属于较大动物的骨骼，可能是祭祀用的"。二是因为，1号坑刚刚发掘结束，2号坑就被发现了，连续出土的两个坑，使它们相互之间成为参照，提供更多的互补信息，也让三星堆在短短的一个夏天中，成为全国考古界乃至大众的关注焦点。

陈历志记得，2号坑露出来的第一件东西，就是件青铜头像，虽然只有一角，却是仰面朝上。青铜的，阴森的，冷峻的，毫无一点表情的3000多年前的人像，这一幕，把在场的不少人都吓坏了。但陈历志挺淡定，"因为在1号坑见过类似的东西"。

从这个头像开始，一个更庞大的青铜世界被打开了。

1、2号坑之间距离30米，1号坑比2号坑略大一些，约有15平方米。但与1号坑共420件出土遗物相比，2号坑出土遗物的数量要多得多，也精美得多，1300件的出土遗物中，有735件是青铜器，其余有金器61件，玉器486件。

这两个坑是同时埋下去的吗，是否有先后之分？两坑又相当于中国考古学年表和历史年表中的什么年代？北京大学考古文博学院学术委员会主任、多年进行三星堆和四川考古研究的孙华教授认为，这两个问题看似简单，但难下定论。

一是由于两个器物坑出土的器物种类和数量差异较大，2号坑几乎没有陶器出土，陶器是考古学中重要的断代物证，因为自古以来，陶器数量巨大，器形更新迭代比较快，每个时代、地域都有着鲜明的风格特征。相比之下，青铜器则属于历史中更迭变化较慢的器物，往往一种器形可以出现在前后相差几百年的不同历史阶段，因此不太适合拿来作为断代参照物。二是学者主要依靠交叉断代法，根据两坑中器物的艺术风格来推断年代。通常会根据中原地区或江汉地区的诸多器物进行类比，但三星堆地处西

青铜大立人（蔡小川摄）

南，相对偏远，不同地区这些貌似相同的器物或纹饰风格是否属于同一时期，传播过程中有没有时间差，可能都会导致判断的偏差。

即便如此，当年的《三星堆祭祀坑》（文物出版社，1999年出版）正式考古报告中指出，1号坑的掩埋时间应该在殷墟一期之末和二期之间，2号坑的掩埋时间则在"殷墟二期至三、四期之间"。但现在也有学者认为两者之间的间隔更短，但总的来说，它们与中原的商王朝后期几乎是同时的，大约在距今3200年前。

2号坑，一直挖到第五层文化层左右，露出大量巨大的象牙。如今仍然瘦瘦小小的张有余大姐负责清洁象牙上的尘土，那时候她才60多斤，是所有帮工的村民中最轻的，只有她能光脚

戴金面罩青铜人头像（蔡小川摄）

青铜人头像（背）（蔡小川摄）

青铜人面具（蔡小川摄）

青铜罍(蔡小川摄)

板站在象牙上,不会对象牙造成伤害。象牙又大又粗地盖在表层,空隙中,青铜器的光泽仍难以掩盖。

"那么大一个东西,凹进去的,怕不是皇帝的座椅哦!"从坑里第一眼看到这个巨大的青铜器时,陈历志惊呆了。从1980年开始就跟着考古队在三星堆发掘,也算是对古物见多识广了,但他从没见过这么大的一个青铜器。把这个硕大的东西从土里搬出来,翻过来,做了简单的清理后,纵目大面具呈现在大家面前,是不同于中原青铜器物的狞厉之美。

纵目面具出来不久,很快就看到了大立人。"大立人出土的

⬆ 金面罩（蔡小川摄）
⬇ 青铜怪兽（蔡小川摄）
➡ 鸟形青铜铃（蔡小川摄）

时候，斜着拦腰断成了两截。"接下来就是可能来自中原商王朝的铜尊、铜罍。所有这些画面，都被敖天照拍了下来。敖天照今年92岁，广汉人，20世纪50年代进入广汉市文化馆工作，从此，每一次广汉市的考古发掘，他几乎都在场。他从没有认真统计过，只能给个大概的数字——大大小小参与过几十座汉墓、宋墓的发掘，清理过的文物有一两千件。

对三星堆和广汉考古的推广和普及，敖天照是广汉本地最重要的一个人。见到敖天照时，他的老伴去世刚过"七七"没几天。朴素的老房子里，爱人的遗像挂在窗棂高处。1973年，敖天照在湖北长江流域考古班系统地学习了考古，包括考古绘图、考

敖天照（蔡小川摄）

古测量。当时在广汉本地，几乎没有人有专业的考古背景，敖天照虽然半路出家，但已经对考古有了基础的科学性认知。

70年代后期，广汉的各大乡镇都在大办砖瓦厂，当时三星堆所在的中兴公社也在当地取土烧砖，挖出来的废土里夹杂着不少碎陶片。"我一看，陶片年代应该是新石器时代晚期的，跟我在湖北红花套遗址看到的那些陶片一样，火候不高，手感比较软，器形也比较原始，说明时间很早。"当时三星堆没有专门的文物机构，他跟别人说"考古"，按照四川话的发音，"考古"就是"敲鼓"，令人费解。

在敖天照的照片里，大立人、纵目大面具这几件超大型的青铜器，每件都需要五六个人一起搬出坑来。直到现在，每一个在博物馆里看到这些东西的人仍然会发问：这些青铜器是从哪里来的？做什么用的？

大多数说法认为，三星堆青铜器与中原青铜器类似，都是祭祀用品。同时期中原商王朝的青铜器，更像是人与神之间的一般中介物，是一种沟通的媒介。但在三星堆的宗教系统中，这种介质不再是几何形的器物，而是神像或祖先本身。"从现在的考古来看，三星堆没有发现文字，但这些神像可能成为我们解读三星堆最直接的渠道。它给出的信息量和信息价值既与文字不同，也与中原青铜器物不同，其他文化要猜统治阶级什么样，三星堆却有明确的形象，给我们提供了统治阶层的很多信息。"孙华解释说。

对于"祭祀坑"的判断，参加过1980年至2000年三星堆遗址考古发掘研究和组织工作的赵殿增是坚决捍卫者。这位四川省文物考古研究所前副所长认为，"祭祀坑的性质决定了三星堆的性质"，因而，整个三星堆都可能是一个以祭祀为主要目的的古城，成为古蜀国人宗教信仰的中心。

中国社会科学院考古研究所研究员施劲松则认为，1、2号坑出土的遗物存在着明显区别：1号坑的遗物以青铜人头像、龙柱形器和金杖为主，它们可能是部族首领的形象和王权的象征物，因此1号坑埋藏的是宗庙内的器物；2号坑以青铜太阳形器、神树、神鸟、雄鸡、眼睛形器和表现祭祀场景的器物为主，其主题是太阳崇拜，出自神庙。在三星堆的早期国家中，王权与神权并存。

1、2号坑器物的谜题和争议还远不止这些。看似出土的器物非常丰富热闹，但其实完整的屈指可数，很多都是残损的、碎片的，还要做大量的复原和研究工作。也正因为如此，郭汉中的团队至今仍在复原1、2号祭祀坑内的青铜残件。

三星堆博物馆外景
（蔡小川摄）

三星堆与古蜀国

20世纪80年代，不只是三星堆，全国各个区域都迎来了史前和先秦考古的黄金期，东北红山、浙江良渚、辽宁碣石宫等都有重大的考古发现，三五千年前丰富多样的面貌逐渐浮现出来。

为什么80年代成为全国史前和先秦考古的一个黄金年代？赵殿增解释道："主要有三个原因：一是改革开放之后，学术界重新拥有自由的治学风气；二是全国各地进入大规模的基础建设阶段，有建设就要开拓荒地、挖地基，这样一来，很多发掘其实是基于建设的抢救性发掘；三是苏秉琦提出了'区系类型说'，这一点尤为重要，因为它让各地的考古产生了主动性。"

1981年，考古学大家苏秉琦发表了《关于考古学文化的区系类型问题》一文。在此之前，他已经提出过"文化区系类型"的概念，并提出了六大文化区系——以长城地带为重心的北方地区，以晋陕豫三省接邻地区为中心的中原地区，以洞庭湖及其邻境地区为中心的长江中游地区，以山东及其邻境为中心的黄河下游地区，以江浙（太湖流域）及其邻境地区为中心的长江下游地区，以鄱阳湖、珠江三角洲一线为主轴的南方地区——以此确立了中国史前文化发展演进大致的时空框架。

自 20 世纪二三十年代殷墟考古开始，殷墟便成为其他地域考古的一个参照系。如果说二三十年代以殷墟考古为代表的先秦考古是民族主义式的为中国寻根，那么到了 80 年代，以"区系类型说"为背景的各地考古，更是一种地域性寻根，来佐证多元一体的中华民族。就好比我们曾经认为中国应该是一条大河分出若干支流，但到了 80 年代，或许应该将几千年前丰富的文化面貌看成若干条小河并流而行，最终汇聚成一条大的河流。

如今再从这个背景来看三星堆的考古，可以更加明确三星堆的价值。按照张光直先生的说法，点布在"夏商周三代"政治地图上的数千座城市，经种种无形的纽带连为一体，构成行政控制和财富分配的分级系统；而城邑的分级体系大体上与氏族和宗族的分级分层相吻合。古代中国的每个"国"，都是一个由若干等级不同的城邑构成的网状组织。三代初期这类国很多，每个国可能又包括了数量较少的城邑。经过战争与攻伐吞并，国的数量减少，而尚存的每个国内的城邑却在增加。

各级城邑之间的互动行为有政治结盟、贸易往来、攻伐交战、婚配结亲，这些因素也在不断促使着"国"的减少。"夏商周"三个时代，似乎都有一个国家占据着优势地位，但这个国只是它们那个时代最显赫的国家，而绝不是唯一的国家。三星堆所

2号"祭祀坑"出土的青铜头像。仔细看，2号坑出土的大多数都是雕刻了鼻孔的，1号坑出土的量相对少，而且几乎没有细致地雕刻出鼻孔的（蔡小川摄）

属的古蜀国，就是这样一个与中原王朝并存且独立的古国，而且是一个未曾间断的、自成系统的文明体系。

"中国考古学的开端是殷墟，提供的历史信息量最大，可以让考古学家站在比较高的位置来审视。如果没有挖到殷墟，我们对商的认识会远远落后。"孙华说。如果没有殷商做对标，我们也很难理解三星堆的东西。

可以肯定的是，三星堆文化是一个青铜文明发达的文化，尤其是在两坑出现的时间——距今3000多年前。有趣的是，在整个三星堆遗址的考古发掘中，除了"祭祀坑"，其他地方出土的青铜器非常少，而且体积很小，都是些类似于二里头文化中的青铜饰牌和青铜铃等小物件。我们对三星堆的认知，几乎都在这两个坑里。但是，正是因为两坑出土的东西太过引人注目，是中原

三星堆博物馆修复实验室内（蔡小川摄）

地区从未见过的造型和巨大体量，又或许会遮蔽我们的视线，造成一些误读，将三星堆和古蜀国的文明程度想象得过高。如果把它理解成中国长江、黄河流域交互，没有过强辐射性的次生文明，或许更为妥当。

新坑的期待

从1、2号坑出土之后，那些奇异的青铜器将三星堆推向了考古界的风口浪尖，也让它以各种假说的形式，出现在大众视野。自此之后，考古队一直在进行城址的勘测和发掘，试图还原出更重要的属于这座古城的样貌，而不是单纯地局限在对器物的研究上。

1、2号"祭祀坑"被回填之后，做成了旅游景点，搭上栈道和给游客休息的小棚子。很长时间以来，两个坑就这么被游客参观着，想象它们曾经塞满宝物的样子。2019年12月，一次偶然

三星堆：未完待续的考古现场

的机会，栈道墙脚下，露出了一个角，迅速探测之后，现任三星堆考古站站长雷雨和他的团队觉得这里可能有东西。

露出角的那个坑便是 3 号坑。起初，陈德安还不太愿意相信新坑的出现，但还是第一时间赶到了现场。唯一的蛛丝马迹被盖在了栈道下面，很难看清楚，只能用手摸。"是个尊，大口尊。"凭借多年的考古经验，以及过手过所有 1、2 号坑器物的手感，三星堆的青铜器，任何一种器形、质感，他都很熟悉。

在此之前，几乎没有人相信这里还会有新的发现。作为景点的整个"祭祀坑"正处在维修阶段，旅游公司投入上千万元，要好好整修一番，眼看就要完工了。所有的搭建项目被迅速拆除了。雷雨和他的同事迅速进入勘测阶段，6 个新坑的开口陆续被发现，几乎是夹在 1、2 号坑之间的 30 米距离内，四大两小，大的与 1、2 号坑类似，小的则呈正方形。

为什么 8 个坑紧紧挨着，却隔了 30 多年才发现其余 6 个？雷雨解释道，起初确实没人相信还会有"祭祀坑"，有些学者会更期待找到王陵或墓葬坑；再加上旅游设施的修建，把这 6 个坑完全遮住了。就这样，它们又在地下沉睡了几十年。但是 3 号坑的开口比较晚。2 号坑的开口在第五层，第五层的时代相当于商周时期；3 号坑在第三层下，第三层的时代是宋代，但是，"由于我们看到了与 2 号坑类似的大口尊，所以 3 号坑和 2 号坑的关系可能极为紧密"。

根据探测，6 个新坑下面的器物可能与 1、2 号坑相似——铜器、金器、骨渣、象牙，会不会在新坑里找到旧坑中残缺的零件？会不会出现新的器物？一直以来，有关"祭祀坑"年代的争议是否可以有新的证据来给出一个更明确的结论？这几个坑之间有年代上的跨越吗？

"通过发掘这几座祭祀坑，可以全面了解当时人们怎样安排器物坑，以及人死之后又需要做哪些仪式性的行为。"考古队对新坑的发掘充满期待。在经过多年城市考古的实践之后，雷雨也希望新器物的发掘和研究，可以反作用于城址的研究。人与物、人与城、物与城之间构成怎样的关联？当8个坑的面貌全部展现在我们面前时，对于古蜀国的认知是否又会产生新的改变？每一代人通过考古得到的认知都在不断变化，就像考古剥去地层一样，一层一层地，离历史一步一步靠近。

（撰文：薛芃）

再探三星堆：坑内万象

三星堆发掘现场，6个新坑的作业同时进行着，发掘进度过半之后，除了7、8号坑，坑内的基本面貌都已浮现。每个坑都不相同，这让发掘和研究充满挑战，也更有意思。

3号坑：热闹的盛宴

被眼前这一幕震撼到无以言表。

2021年5月26日下午，我正在采访，摄影记者突然喊我："哎，过来，快过来！"共事多次，他从未打断过我的采访。我犹豫了一下，心想一定是很重要的事，便连声跟采访对象说"稍等"，一路小跑，到隔壁那间玻璃舱。

舱内是三星堆祭祀区3号坑，此前两天一直被塑料布盖着，看不清坑内的样子，只是听人描述过里面的盛况，看过一些局部照片，每次经过都只能想象一番。目前，坑内的发掘暂时减缓，考古工作者正在商讨接下来的器物提取方案。

进入四壁玻璃的发掘舱，面前的3号坑，塑料布被揭开了。从坑口向下近2米的位置，露出密密麻麻的青铜器，混杂着象牙与填土，相互交错堆叠着，占满了整个坑，几乎没有一点空隙。都是似曾相识的物件，这让人更加兴奋。倒扣着的大面具上，躺着几根接近完整的象牙，由于常年与青铜器埋在一起，象牙上星星点点沾上了绿色的铜锈。面具周围散落着青铜人头像，平头的、圆头的都有，大量的眼形器也是一眼就能辨识出来。

一台被称为"鱼竿"的摇臂式摄像机开始了今天的工作——拍摄坑内器物。由于3号坑堆积得太过密集，没法下坑作业，"鱼竿"要在坑上完成微距拍摄。随着摇臂的晃动，镜头可以深入到离出土文物最近的位置，捕捉出土之前器物上的所有细节，包括纹饰、图案、铜锈、着色及与填土的关系等，从各个角度记录下每一件文物被提取之前的面貌。

"鱼竿"是个很好的导游，带着坑外的人去观看，在繁复的堆积中找到一个相对清晰的方式。填土中偶尔露出玉石器和金器，靠近东北壁散落着一堆小海贝，白色和金色在土坑里格外显

三星堆祭祀区3号坑内，考古工作者正在清理一件圆口尊（蔡小川摄）

眼。距离大面具不远处，一只表面简约而干净的方尊倒在土中，除了简单的几何浅纹，只有肩部有凸出的兽面浮雕和鸟状饰件；而绕着它的是一件纹饰极其繁缛的大件青铜器，只露出一部分，看起来像是个大口尊的腹部，却也不能十分肯定。复杂繁缛的兽面纹样和那只有些清心寡欲的方尊相互裹在一起，一繁一简，很难想象它们来自同一个时间地点，就这么安静地在地下躺了三千余年。

站在坑边低头看到这一切时，不知为何，我脑袋里闪现出《权力的游戏》，各大家族势力的相互厮杀，复杂多变的人性与权力关系，暴力、血腥、忠贞、荣耀、阴谋，所有对《权力的游戏》碎片式的记忆和当初看剧时的激动全部在这一刻翻涌出来。这样对比并不妥当，但心情相似。器物层层叠叠地堆砌，复杂而环环勾连，没有一件器物可以全身而出，轻易地被提取出来，这是一个静态的"权力的游戏"，背后蕴藏着整个商王朝时期远在西南古蜀的物质与精神世界。

这一幕似曾相识，1986 年 2 号坑的发掘现场也是如此，所以考古工作者将 2、3 号坑视为"孪生兄弟"。从一开始，3 号坑的发掘就与对 2 号坑的现有认知关联在一起。2 号坑紧邻着 3 号坑，1986 年由陈德安和陈显丹带队进行了抢救性发掘，三星堆也因此"一醒惊天下"。

3 号坑则在 2020 年 10 月开始发掘，由四川省文物考古研究院和上海大学共同合作完成。杨镇是发掘舱内的现场负责人之一。所谓"发掘舱"，是一个恒温恒湿的玻璃工作间，3、4、8 号坑各占一个发掘舱，5、6、7 号坑则共用一个，如果要进舱下坑作业，必须换上防护服。杨镇每天守着 3 号坑，他告诉我，现在对 3 号坑的每一步发掘，都会以当年的 2 号坑为参照，采用平剖面结合对比的方式，确认这两个坑的密切关联。

首先，从坑的形制来看，两个坑都是长宽比相近、面积几乎相同的矩形坑，朝向一致，相距不远。其次，从填土来看，也是相似度很高的黄褐色填土。记得去年采访陈德安，他说到得知3号坑被发现时，他还在成都家中，连忙打电话询问当年跟他一起参与过发掘又略有些考古知识的当地村民："3号坑的填土跟1号坑更接近，还是跟2号坑更接近？"得到的答案是2号坑。因此，他判断在这8个坑中，与2号坑更相似的很可能是3号坑，而非早于2号坑发现的1号坑。

再说回来，2、3号坑在整体遗物的类别和埋藏方式上也相似度极高。表层是象牙，象牙下堆积着大量青铜器，包括大小面具、人头像、眼形器、太阳形器、神树残枝、尊罍礼器等。比照2号坑的堆积方式，丰富的青铜器下面就是玉器，从现在3号坑表面的零星玉器判断，提取完青铜器后，下面一层的玉器依然值得期待。

3号坑让人如此兴奋，很大程度是因为这些东西我们几乎都见过，既与自己的认知有所关联，又超出了此前的期待。与35年前考古工作者看到一坑完全不明所以的奇特器物相比，这兴奋来得更踏实。

"舱长"徐斐宏来自上海大学，对于下一步的发掘计划，他认为最大的难点在于判断文物之间的互相关系：它们是如何堆积的？有哪些完整器形？有哪些残片和零部件可能是同一件器物上的？"在坑内，也就是第一现场，首要工作是把器物的位置关系，包括整体器物和碎片的相对关系梳理出来。因为有些碎片如果不及时对应起来，之后会增加很多工作量，甚至会失去一些信息。"

在青铜器之上，原本铺满了象牙。经过几个月的发掘和提取

3号坑内的遗物类型和分布与1986年2号坑相似度极高（蔡小川摄）

◐ 3号坑中的跪坐顶尊人像
（蔡小川摄）

◢ 3号坑出土的青铜大口尊
（蔡小川摄）

◀ 3号坑出土的青铜眼形器
（蔡小川摄）

后，象牙已经基本取出，露出现在的青铜器物层。1986年的那次抢救性发掘中，象牙提取是最大的一个技术难题。由于钙化严重，象牙出土后很容易碎成粉末，非常难保存，而且保存成本很高，1、2号坑的象牙几乎都没能保存下来。

这一次，象牙提取有了革新性的变化，裹保鲜膜、缠绷带，加以石膏辅助，主要用物理加固的方式来达成。象牙最初提取时，一根大约需要耗时3天，随着技术的熟练，后来3号坑提取象牙的速度最快可以达到一天两根，现在已经成功提取出70多根。提取之后的保存更难，目前统一储存在特殊的冰柜中，等待进一步的保护方案。

由于2、3号坑相似，又都有很多残件，考古工作者希望能将两个坑中的青铜残件进行比对，拼接修复，一旦拼对成功，就说明这两个坑是同时、同性质、同功用的。

对于这一点，常年进行三星堆青铜器修复的郭汉中最有发言权。在看过3号坑后，郭汉中敏锐地发现了几个神树的零部件，其造型、大小、风格都与2号坑最大的2号神树相似。事实上，现在在三星堆博物馆展出的2号神树，有一些零部件是后来复原的，并没有在1、2号坑中找到原部件。而现在，当3号坑浮出水面，2号神树是否可以通过拼对，还原成最初的样貌？又会不会有新的神树出现？

4号坑：肉眼不可见的秘密

与3号坑仅隔着一道玻璃门，4号坑像是大哥身边的小弟，没那么耀眼。4号坑在整个坑群的东北部，开口是一个比较规整的正方形，走向仍是东北–西南，与其他所有坑一致。第一眼看到4号坑时,确实不知道该怎么看,它的信息没有3号坑那么清晰、那么有视觉冲击力,需要更深入地了解才能厘清其重要性。

四川省文物考古研究院的许丹阳是4号坑的"舱长"。2020年国庆节刚过,他和团队就进驻了现场,是较早开工的团队。到现在,7个多月的时间,4号坑已经几乎挖到了坑底,距离坑口约1.5米,在所有坑中进展最快。

坑内是大面积的黑色烧土,有明显的火烧痕迹,连带着坑内破碎的陶片也被染得黢黑,难辨原貌。许丹阳称:"现在还无法确认这些黑色陶片与烧土的关系,或许是陶器经过焚烧后被埋入坑中,又或许在坑中进行过焚烧行为,陶器是在长年累月的掩埋中被烧土浸黑的。"除此之外,4号坑出土了各种类型的器物,最

4号坑发掘现场(蔡小川摄)

耀眼的是金带，还有鱼形金挂饰。可目前来看，4号坑的意义远不止于出土遗物，而在于肉眼不可见之处。

许丹阳指着坑内的烧土，解释道："4号坑的灰烬层相对比较单纯，遗物较少，以竹炭为主，也有一些楠木焚烧的痕迹，甚至有零星稻谷焚烧的痕迹。这些植物在焚烧后呈炭黑色，而且色度很重，非常黑。"根据这一现象，三星堆遗址工作站站长雷雨做了进一步分析，他指出这些灰烬的成分至少可以说明，在晚商时期，这些植物尤其是稻谷在三星堆这个地方就已经存在，也可以为复原当时的祭祀过程、自然环境提供一些信息。

此外，灰烬层有另一个很大的作用，就是取样进行碳-14测年，确认器物坑的大致年代。2021年3月，四川省文物考古研究院联合北京大学，对几个坑进行了碳-14测年工作，4号坑得到的数据被认为是比较有效的。根据以往的测年和研究，三星堆祭祀坑所处的年代在三星堆文化晚期，相当于殷墟时期，也就是晚商。而最新的4号坑测年数据显示，这个坑最晚有可能已进入西周初年。

最新发表在《四川文物》上的报告指出，4号坑的年代有68.3%的可能性落在公元前1123年至公元前1054年，有95.4%的可能性落在公元前1199年至公元前1017年。西周始于公元前1046年，与这个结果略有重合。"但碳-14测年的结果是有误差的，不能完全依据这个数据就断定，4号坑的年代到达了西周初年。"许丹阳说。

无论是否到达西周，这个测年给出了一个相对明确的时间阈值。三星堆祭祀区一直存在一个争议，就是8个坑的埋藏顺序，是同时埋的，还是有先有后？谁先谁后？这个问题对搞清当时的祭祀礼制，以及三星堆作为都邑的社会性质、权力结构等大问题

四川省文物考古研究院文保中心工作人员郭建波，此次发掘负责织物样本的提取与分析（蔡小川摄）

都很重要。"现在看来，同时埋藏的可能性比较小。4号坑很有可能是最后一个，或是最后的几个之一。综合各方面信息推测，4号坑与1、2号坑的年代应该是有距离的，并非同时的。"雷雨说。

如果三星堆祭祀区的时间下限被后推，就很可能与金沙遗址的存在时间有一段重合。通常认为，金沙是三星堆衰落之后兴起的另一个中心，那么，一旦遗存时间有所重合，会意味着古蜀国曾经有一段两个中心并置的时期吗？一切都还只是猜测。

4号坑内，肉眼看不见的信息中，灰烬层是其一，另一个则是丝织物。在3月首次公布的发掘成果中，丝织物是最让我兴奋的，这是此前1、2号坑从未涉及过的领域。但在最近的检测中发现，1、2号坑的出土物中也有织物信号，只是在当年的抢救性发掘中，没人看得到它们，也受技术所限，一直无法进行更进一步的检测和研究。

郭建波是四川省文物考古研究院文保中心的工作人员，在此次三星堆祭祀区发掘中，他的工作就是对织物的样本进行提取与分析。"首先要明确两个概念：丝绸残留物与丝蛋白信号。"郭建波说。丝绸残留物，指的是有明确经纬组织结构的丝织物，但大多数也是小到肉眼不可见，只有在显微镜的观测下才能看到它的形态。而丝蛋白信号，是一种通过生物学反应得到的能够显示或反映有无丝织物的信号，是不可见的，也更抽象。比如一堆填土，通过某种生物学的验证，检测出有丝蛋白存在的信号，则表明土中曾经有丝绸遗物。

郭建波给我们看了几张照片，都是显微镜下的丝绸残留物。第一张来自3号坑大面具上提取的土样，经纬交错的一小块残片，实际尺寸仅有1.0毫米×0.8毫米；另一张也是有经纬组织的，来自4号坑灰烬层，其实际大小为3.8毫米×3.1毫米；再有一张，来自4号坑的麻线，并非丝绸，一缕一缕的，没有经纬组织；目前最大的一片丝绸残留物，有1.8厘米×0.8厘米，出自8号坑。如此便可理解，如果考古工作稍有一点不谨慎，这些微小的信息都将被错过。

从目前的提取物来看，3、4、8号坑有丝绸残留物的出现，6号坑中也检测出丝蛋白信号。事实上，对丝织物的关注并不是从新坑发掘开始的。自2020年9月开始，郭建波就陆续对1、2号坑出土的青铜器进行了检测，他意识到，丝织物一直都被忽略了；检测后发现，在出土的残件和完整器物上，有13种器形、40多组器物上有明确的丝织物附着。

丝绸残留物多附着在青铜器上，这是个有趣的现象。至少目前并未在陶器上发现，其他材质的器物，像金器、玉器，尚未进行大规模的检测。但青铜器是目前与丝织物关系最密切的器物。"因为青铜器为丝织品的保留提供了生存条件，青铜器上的锈蚀物有抑菌作用，是可以沿着丝织物的组织结构生长的，最终使其贴附在青铜器上成为一个整体。"郭建波说。又或者，与某种祭祀的礼制有所关联。

发现丝织物意味着什么？一个基础性的认知是，纺织工艺的研究，填补了古蜀时期丝绸考古出土的空白。其次，几个坑的出土物几乎都与祭祀相关，祭祀形态、所需的祭祀物也都反映在这些出土物上，那么，丝绸的出现，"将为三星堆祭祀形态、体系的研究提供新的证据"。郭建波指出，2号坑出土的青铜大立人像身着华服，说明当时已经有先进的用丝制度和纺织工艺，丝织物的出现用实物印证了这一点。

早于三星堆时期的丝绸样本，出土非常少。目前较早的是浙江钱山漾遗址，早于三星堆近千年，此后鲜有丝绸的考古实证出现。而这一次，丝绸样本的数量很大，虽然只能在显微镜下看清它们的样子，但仍然意义重大，可以勾勒出商代的部分丝织品面貌。

发现文字是这次对三星堆新坑发掘的最大期待之一。三星堆祭祀区属于商代晚期，中原地区已有大量此时期的甲骨文，甚至青铜铭文出现，因此，如果三星堆出现文字，并不是一件让人意外的事，但目前还没有。发现文字，最重要的是找到文字的附着载体，那么，古蜀的文字有可能出现在什么上面呢？丝绸的出现提供了一种可能性。"发现丝绸为发现文字或者符号提供了一个物质载体，其书写材料很有可能是朱砂、墨或是其他颜料。"朱砂，在3号坑的几件青铜器上有所发现，其中一件罍通体涂过朱砂，还有一只小铜铃也涂了朱砂。那当时的人会用朱砂进行书写吗？这是对未来发掘的一个期待。

5、6、7号坑：层层叠套的谜团坑组

2021年5月28日的下午，黎海超坐在5号坑的桁车上，正在跟其他工作人员讨论方案。由于5号坑较小，这个桁车是专门定制的，只能架在坑口上，上面也没有起吊装置，不能电动遥控，用的时候只能徒手搬上搬下。桁车，每个坑都至少有一个，可以载着工作人员深入到坑内但碰触不到文物。几个坑内都堆满了器物，无从下脚，为了进行无接触式发掘，只能通过桁车完成作业。5号坑的桁车很小，像个挂在坑口的手扶椅。

32岁的黎海超已是四川大学考古文博学院的教授，一直从事商周考古领域的研究。5、6、7号坑离得很近，又存在复杂的叠压关系，因此被规划在同一间发掘舱内，黎海超是"舱长"。我们面前的5号坑，是所有坑中面积最小的一个，也是最浅的，0.8米处便有文物埋藏。坑虽然小，却足够特殊。

5号坑内，象牙残片周围的填土清理
（蔡小川摄）

5号坑出土的半扇黄金面具（蔡小川摄）

5号坑出土的黄金鸟饰（蔡小川摄）

2021年3月，半扇黄金面具就出土于5号坑，现在被转移到了广汉考古整理基地保存。整理基地距离三星堆遗址区不远，这几个月发掘出土的文物都会在第一时间送到这里，进行清洗、检测或基础的修缮。我们看到这半个面具时，它被固定在泡沫板上，已经清理得非常干净，金光熠熠，光滑而细腻，表面几乎没有一点瑕疵，透着尊贵与崇高感，可以想见那个年代金属工艺的发达程度。这是 5 号坑目前出土的最大金器，除此之外，坑内散落着各种黄金和象牙碎片，但都比较小，密集地嵌在土壤内。

看起来，5 号坑颇有点"黄金之坑"的意思。乍一看，没有头绪，这些细细琐琐的残碎器物为何意？黎海超指着南边的一溜解释道："你看这些小圆金片，每个直径大约不到两厘米，但是都相隔十几厘米呈等距排列，至少这一边是如此。再看中间，看似无序，但隐约也可以分辨出它们的排布规律，很可能原先呈一个规整的网状，经过这么长时间，略有些错位，但整体被压在土层中，并没有发生太大的变化。"

而这些碎象牙，很可能是一个精美的象牙雕刻品，在某种仪式之后，被砸得粉碎埋入坑中。再加上那半扇黄金面具，目前考古人员猜测，5 号坑有可能掩埋的是巫师的行头。面具、象牙礼器、金片衣饰物，都是一位巫师在祭祀活动中需要的衣着。

这个推测，让 5 号坑充满神秘色彩。旁边的 6 号坑呢？更神秘，且无解。6 号坑与 5 号坑形制相似，正方形，边长 2 米左右，有一个空木箱子，且只有一个空木箱子。

当 6 号坑出现木箱时，所有人都激动不已。通常这样一个箱子里，一定会有重要的文物出土。可是把填土清了一大半，依旧只有填土。现场的考古工作者有些失望，将箱内土样拿去检测，仍没有什么重大突破。

黎海超每天都会盯着这只箱子琢磨很久，它到底是干吗的？为了保湿，减缓木箱因外界干湿度的变化而发生变化，它总被湿毛巾隔着保鲜膜盖得严严实实。木箱贴着坑内的一侧，可以看到其木质已炭化成灰，但还维持着木箱的形状，必须保留一些箱内的填土来支撑箱子，使其不坍塌。黎海超指着箱子的侧壁说，他发现箱子的下方也有一层灰，这层灰的灰质更散，推测可能是草木燃料的灰。如果推测成立，那么就意味着木箱下面是焚烧遗留下的灰，这里可能烧过火。

在谈到整个祭祀区下一阶段需要攻克的难点时，雷雨认为，是火。所有坑内物是在烧之前还是烧之后埋入坑的？又是在哪里烧的？每一个坑的火烧痕迹都不相同，目前还很难勾勒出一个统一的推测。

面对木箱下的烧火痕迹，黎海超也有一个大胆的推测。6号坑的特殊之处在于，只有一个木箱，木箱之外没有任何遗物，黎海超认为当时很有可能会有一名祭祀人员站在坑内，也就是木箱边的空地上焚烧木箱，进行祭祀活动。就是说，这里有可能是祭祀场所之一，而不是单纯的掩埋器物的坑。木箱内依然会有重要的东西，只是我们目前不知道。雷雨推测如果没有无机质，会不会是已经腐烂的有机质，比如非常珍贵的肉？

5、6、7号坑之所以有趣，在于它们都在很大程度上超出了预判。更有意思的是，6号坑有一部分与7号坑重叠，压在了7号坑之上，但又没破坏7号坑内的遗物。6、7号坑的叠压关系，意味着6号坑一定晚于7号坑，但这个早晚是一个相对概念，晚一天也是晚，晚100年也是晚，目前还无法明确判断它们相隔的时间。而且不能确定的是，挖6号坑的人是否知道下面还有一个7号坑？这个问题如果无法解决，两个坑之间的关系也就很难厘清。

复杂的坑组关系，给四川大学考古系的工作增加了不小的难度，这是其他几个舱不会遇到的问题。

因为特殊的叠压关系，6号坑阻碍了7号坑的发掘进度，导致7号坑被动地成了进展最慢的坑，必须等待6号坑发掘完毕才能展开全面发掘。黎海超告诉我，对5、6号坑的最新计划是进行整体提取，将 5 号坑内包含遗物的土层整体切走，6 号坑的木箱整体提走，拿到实验室进行"实验室考古"。这样，7 号坑就能正式开工了。

团队现在给 7 号坑开了一个解剖沟，发掘出了 10 枚象牙，可这些象牙有的是完整没烧过的，有的只在牙尖部分有烧过的痕迹。于是又回到了那个关键的问题——火：如何燃烧？在何处燃烧？燃烧的流程、规则、礼制、祭祀物都是怎样的？还有另一个关键问题——几个坑埋藏的先后顺序。当所有坑的难解之谜最终都交汇到某几个共性的大问题上时，它们的关系就被紧密地捆绑在一起。目前的发掘是各坑独立进行，一旦有了阶段性的成果，它们将被合成一个整体，寻找相互之间更强的关联性，这或许能解开更多的三星堆之谜。

8 号坑：将所有坑串联起来的关键

在最初的土表金属探测中，8 号坑与 3 号坑是金属反应最强烈的两个坑，这意味着，这两个坑内的金属含量最多。按照现在 3 号坑的青铜遗物出土量来看，8 号坑也绝不简单，这让所有人都很兴奋，并且充满期待。可这一期待从入场到现在的半年里，经历了几次波折，仍然尚未露出真容。在铲子未触及的地层深处，没有人知道是惊喜还是失落。

2020 年 12 月，负责 8 号坑的北京大学考古文博学院开始进入三星堆祭祀区工作，他们是最晚开始发掘的一支队伍。负责人之一蔡宁告诉我，因为进场晚，也因为坑的面积最大、堆积物复杂，8 号坑目前的发掘进度相对较慢。长 5.1 米、宽 3.8 米的开口，放到中国考古史上看也是罕见的大坑，这种规模对蔡宁和他

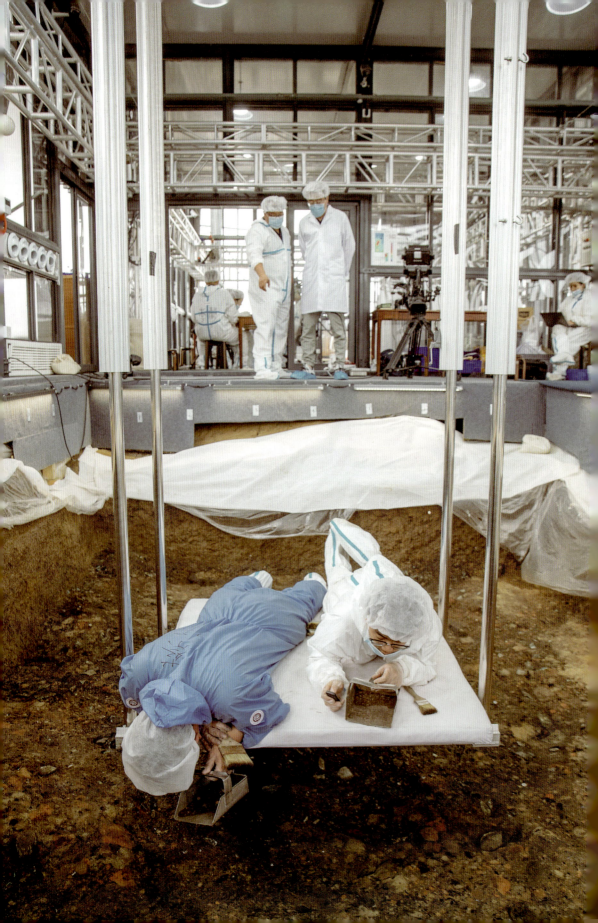

8号坑发掘现场，象牙须盖着毛巾保湿（蔡小川摄）

⬅ 8号坑的进展相对缓慢，但坑内信息丰富，或将成为串联祭祀坑群的关键一环（蔡小川摄）

的团队来说是不小的挑战。

  2021年5月27日，开工半年了，已经往下挖了一米多深。根据之前的检测，这个坑的深度应该在两米左右，再往下，便到达了生土层，也就是没有人类活动痕迹的土层，就不会有遗物出土了。

  根据填土颜色的不同，考古人员将坑内的土进行分层。在3月中旬，团队发现填土发黑的程度加重，初步判断是焚烧过的木炭的痕迹，再往下，土色越来越黑，此时已经到了第七层，小件器物开始陆续出现，便是我们现在所看到的灰烬层。

  面前的这个大坑，遗物多集中在西半部分。与3号坑的琳琅满目不同，8号坑显得"逊色"一些。表面看起来什么都有，象牙、青铜器、红烧土、玉器、金器……却都是小碎片，细细碎碎地散落在土壤中。用蔡宁的话说，是"没有大件，但覆盖丰富，能想到的有关三星堆的大部分器物碎片这里都有"。

再探三星堆：坑内万象 89

↑ 8号坑出土的玉斧
（蔡小川摄）

↓ 8号坑出土的玉瑗
（蔡小川摄）

坑土的表面零星铺着六七块白色毛巾，下面都是象牙。蔡宁解释道，象牙已经在地下被埋藏了数千年，现在让它们突然暴露于空气中，会导致本身所含水分迅速蒸发。为了维持象牙的湿度，他们要先盖一层保鲜膜，再铺一层浸湿但不能拧出水的毛巾，有时中间还需要再加一层塑料膜。

与象牙相比，青铜器则害怕过度湿润，会产生新的铜锈。这样一来，既要保护象牙，又要保护青铜器，这就对发掘过程中表层湿度的控制要求苛刻，而象牙和青铜器，又恰恰是三星堆各坑中出土最多的两大类别。

到 5 月底，8 号坑出土的遗物数量已有 1800 余件。雷雨告诉我，截至 5 月 29 日，6 个坑初步统计的出土文物有 5000 多件，将近 6000 件，但这个数字是按照考古发掘流程中小件数目的编号，很多残片可能是同一个单体，因此完整文物数量达不到这么多。

在 8 号坑中，遗物的基数这么大，即便多是碎片，其中仍有精品。5 月 20 日，8 号坑中就提取出了一件金面具残片，现在躺在整理基地的库房内。残片被小心翼翼地封存在保鲜盒中。跟它一起放入盒中的，还有提取时周边的填土样本，装在小密封袋里。

工作人员取出这件残片，放在拍照专用的灰色毛毡上。残片沾满了土，还没来得及清理，却遮挡不住黄金的耀眼。这件面具比从 5 号坑出土的半扇面具小不少，也薄一些，没有舒展开的金片还有些皱皱巴巴，可能在等级规格上有所差异，又或是有不同的功用。

这样的发掘与提取每天都在继续。8 号坑的土色很复杂，有的地方炭黑色多，有的地方更偏黄褐色。各种复杂质感的器物和土壤混杂在这个大坑里，看起来斑斑驳驳的，倒像是一幅抽象画，找不到视觉的中心点，也很难去分辨每一个小碎片是什么。这是8号坑目前的难点，灰烬层里的东西太过繁复。因为全是碎片，大小不一，在发掘的时候很容易错过或不小心破坏，工作人员更得谨慎作业。为什么会有这么多碎片？8号坑的出现是否会对判断坑群性质提出新的思路？这两个问题是蔡宁最关心的。蔡宁分析道："目前大家倾向于将8号坑看作'填埋坑'，填埋坑是个中性词，它像是一场大型祭祀活动之后打扫完'战场'、倾倒废弃物的埋藏坑，因为一是坑内器物种类多，二是残片非常碎。"

由于一直没有看到大件青铜器，这似乎与最初的金属检测不符，蔡宁和他的团队一度产生怀疑。此时灰烬层的深度为一米多，离测量的深度还有大半米，而灰烬层又基本已经结束，下面会有完整的青铜器物或其他器物吗？或者又是超出预测的东西？按照现在的发掘进度，7、8号坑应该是最后结束发掘的，也会是最后把所有8个坑串联在一起的关键。

8号坑另一个重要的遗物是成形的红烧土块，这在其他几个坑内都没有。蔡宁解释道，红烧土在考古发掘中是很重要的信息，一旦有红烧土出现，意味着可能是房屋的墙体或者土台一类的残块，有些红烧土上还有凹槽和人工夯打的痕迹。有可能是建筑由于某种原因失火，房倒屋塌之后，人们将建筑垃圾也倒入坑内。

在这次主持发掘三星坑祭祀区之前，雷雨多年从事三星堆的城址考古。在三星堆遗址区里，每一个地点的土质他都很熟悉。雷雨指出，8号坑内成形的红烧土块跟青关山土台所出一致，而青关山是三星堆宫殿建筑基址的所在地，所以基本可以肯定8号坑内的红烧土也是建筑的遗存。

建筑遗存的发现是8号坑的一大突破，它为盛大的祭祀活动提供了想象空间。古蜀人是在什么样的空间内进行祭祀？这些器物又常年以何种方式摆放在这个空间里？这些都是三星堆带来的新难题。"我们不仅要关注器物本身的价值，还要通过发掘，复原坑的形成过程。因为考古是先挖晚的，所见遗物通常与埋藏顺序相反，很多事情我们都要倒着去想。"蔡宁说。

三星堆祭祀区的主体文化遗存在整个三星堆遗址中年代较晚，属于三星堆文化的晚期。"现在看来，祭祀区的遗物和信息量很大，可以基本拼凑出三星堆文化晚期的测年和面貌。再与其他区域的信息相连，整个三星堆遗址的测年序列和面貌也会更加清晰。"雷雨说。在现有的祭祀区之外，考古队还在周边开了几个新的探方，想寻找有没有9号坑或者更多的坑。因为祭祀区与三星堆城址的"三星堆城墙"挨得很近，在拆去了原本挨着祭祀区的袁家院子后，祭祀区与"三星堆城墙"之间宽大的壕沟显露了出来，还露出一截大土堆，也就是三星"堆"的第二个堆的一半，第一个"堆"现在也只留存一半。壕沟意味着有水，是一条人工河，与不远处的马牧河交汇。祭祀区临河而建，这与金沙的祭祀区邻着摸底河的格局很像，又形成了两地在城市规划理念上的暗合。

随着发掘的深入，遗物和信息将会越来越多，有些问题将被解决，也会有更多的问题与推测不断出现。考古工作者在做的工作，就是试着通过一个器物、一个坑、一个区域和现场的所有蛛丝马迹，去复盘当时的一个场景，再由诸多场景复盘一个更大的社会格局，最终，考古学将在这里与历史学相会。

（撰文：薛芃。感谢中国社会科学院考古研究所常怀颖副研究员对采访和写作的大力帮助）

三星堆遗址重要出土文物

1号神树

1号神树
树干残高 359 厘米，通高 396 厘米

2号坑出土了8棵青铜神树，其中1号神树修复得最为完整，也是目前全世界发现的最大的单件青铜文物。它由基座和树干两部分组成，基座为圆形底盘，其上用三叉支架交会成一个山形树座，树座上绘有精美的云气纹，寓意"神山"。树铸于"神山之巅"正中，卓然挺拔。树分三层，每层三枝树枝，共9枝；每枝上有一仰一垂两果枝；神鸟站立在向上果枝的果实上，共九只。树侧有一条缘树而下的长龙。

神树的树顶已经残断，推测上面应立有一只神鸟，由此整树共有10只神鸟，对应远古的"十日神话"：传说从前东边有一棵巨大的扶桑树，是10只太阳神鸟的栖息之所，每天早上有一只太阳神鸟从扶桑树上飞入空中，晚上落下休息，构成白日与黑夜。关于树的内涵，学界看法不一，但大都将其界定为"神树"，认为它是古代传说中扶桑、建木、若木等神树的复合型产物，其主要功能是"通天"。

青铜大立人像
高 180 厘米，通高 260.8 厘米

现存最高、最完整的青铜立人像，被誉为"世界铜像之王"。采用分段浇铸法嵌铸而成，身体中空，分人像和底座两部分，出土时人像从腰部断为两截，后修复。人像大眼、直鼻、方颐、大耳，头戴高冠，身穿窄袖与半臂式共三层衣，衣上纹饰繁复精丽，以龙纹为主，辅配鸟纹、虫纹和目纹等，身佩方格纹带饰。其双手环握中空，两臂略呈环抱状构势于胸前，似持有某种法器。脚戴足镯，赤足站立于方形怪兽座上。

人像端庄肃穆，专家推测可能是一代蜀王或群巫之长，或是两重身份兼而有之，象征着神权与王权结合的最高权力。还有人认为其形象酷似汉语古文字中"尸"字的字形，应将其解读为"立尸"，即具有主持祭神仪式的主祭者和作为神灵象征的受祭者双重身份。其所站立的方台，应该象征着祭祀的道场——神坛或神山。而对于他手中究竟持有何种法器，学界未达成共识，有人认为是玉琮，有人认为是权杖，有人认为是大象牙，还有人认为他什么也没拿，只是用手在空中挥舞，是祭祀中的一种特定姿态。

青铜大立人像

金杖（全景）

金杖（鱼鸟图案）

金杖（线描图）

金杖
全长 142 厘米，直径 2.3 厘米

已出土的同时期金器中体量最大的一件。系用金条锤打成金皮后，再包卷在木杖上。出土时木杖已炭化，仅存金皮，金皮内残留炭化的木渣。金杖的一端平雕一段长 46 厘米的图案，图案共分三组：靠近端头的一组是两个前后对称的人头图像，人头面带微笑，头戴五齿高冠，两耳各垂一副三角形耳坠；靠近杖内的两组图案大致相同，上方是两只头部相对的鸟，下方是两条背部相对的鱼，在鸟的颈部和鱼的头部压有一支羽箭，箭头深插入鱼头内。

关于图案的内容，有人认为象征着崇鱼和崇鸟的两个部族联盟，形成了鱼凫王朝；还有人认为鱼鸟象征着蜀王能上天入地，沟通人神。关于金杖的性质有"王杖说""法杖说""祭杖说""法器说"等多种。多数学者倾向于认为金杖是古蜀国政教合一体制下的"王者之器"，象征着王权与神权。

青铜纵目大面具
高 66 厘米，宽 138 厘米

在三星堆出土的众多青铜面具中，当数 2 号坑出土的三件青铜纵目面具造型最为奇特，被研究者根据大小分为 A、B 两型，造型大体相同而略有差异。此为 B 型面具，器形较大。该面具眉尖上挑，双眼斜长，眼球极度夸张，呈柱状向前纵凸伸出达 16 厘米，双耳向两侧充分展开，故被称为"千里眼""顺风耳"。短鼻梁，口阔而深，似微露舌尖，做神秘微笑状。其额部正中有一方孔，可能原来铸有精美的额饰，可以想象它原来的整体形象更为精绝雄奇。

这尊面具的超现实风格使其具有强烈的神秘色彩，目前主流看法倾向于认为它是一种人神同形、人神合一的意象造型，是古蜀人的祖先神造像。

青铜纵目大面具

青铜跪坐人像
高 14.6 厘米，宽 8.2 厘米

该人像发式颇具民族特色，头发从前往后梳，再向前卷。宽脸，方颐，双眼圆瞪，正视前方，张口露齿，神态严肃，云雷纹竖直方耳，耳垂穿孔。跪坐，双手抚膝。上身穿右衽交领长袖短衣，腰部系带两周；下身着"犊鼻裤"，一端系于腰前，另一端反系于背后腰带下。手腕戴镯，足上套袜。跪坐姿势是商周时期起居与供奉祖先、祭祀神天等正式场合的举止仪节，贵贱无别。"犊鼻裤"在古代一般为贫贱者所穿，故有学者认为其为奴隶像。但青铜在当时为重要物资，用来为下层人物塑像的可能性不大，戴镯、套袜又显示其身份似乎并不寻常，故也有学者认为它表现的是做祭祀祈祷的巫祝形象。

青铜跪坐人像

金箔虎形饰
通长 11.6 厘米，高 6.7 厘米

系用金箔捶拓成形，遍体压印"目"字形的虎斑纹。虎头昂起，张口做咆哮状，眼部镂空，前足伸，后足蹲，尾上卷，呈奔跑状。金虎呈半圆形，可能原来是粘贴于其他器物上的饰件。虎形符号是巴蜀符号中最常见的一种，三星堆出土的很多文物都与虎有关，反映了古蜀人对虎的崇拜。中国古代民族多有崇虎的习俗，《后汉书·南蛮西南夷列传》中记载了巴人祖先廪君魂魄化为白虎的故事，反映了巴蜀先人对虎的崇拜与对祖先崇拜的结合。

金箔虎形饰

青铜人身形牌饰
背部上宽17厘米，下宽17.6厘米，高34厘米，通高46.4厘米

三星堆出土文物中最神秘的器物之一，如今人们不仅没有理解其寓意与功能，连放置方法也不能确定。

整器造型颇似一无头无手之人体，上部如穿衣袍之人身，下有双柄，似双腿，腿前内凹，下端饰凸弦纹。器身满饰图案，主题纹饰为两组倒置的变形鹳鸟纹，鸟喙长及等身。古人认为鹳鸟非常神奇，能够预知下雨，十分机警，《左传》还记录了模仿鹳鸟成群飞翔的军阵——"鹳阵"。铜牌以鹳鸟为主题，也许是古蜀人希望汲取其力量。还有学者认为该铜牌表现的是岷山的形态，铜牌的双柄象征着岷山上的若木。还有人认为这是一件祭祀用品。

至于放置方法，如将整器理解为一人形，应将其腿朝下放置，但这样鹳鸟图案呈倒置状态。且铜牌不带柄的一端有一道较宽的边沿，三星堆中有这种宽沿的其他器物均宽沿在下。铜牌的两柄虽形似人腿，但上有凹槽，不符合人腿的特征，所以有人认为该器物应该两柄朝上放置。

青铜人身形牌饰

金面人头像

金面人头像
高 11.3 厘米，残宽 21.5 厘米

三星堆出土了6件金面罩，其中4件戴在青铜人头像上，2件单独存在。后者形状与制作工艺与前者相同，应是从某件青铜人头像上脱落的，但考古学者至今还没有找到它们的主人。

人头像所戴金面罩系用金块捶拓成金皮，然后依照人头像塑造，上齐额，下包颐，左右两侧罩耳，耳垂穿孔，眼、眉镂空露出，面罩与人头像之间采用生漆调和石灰作为黏合剂。三星堆出土了50多件青铜人头像，仅有4件戴黄金面罩，应具有特殊的身份地位。

世界上最早的黄金面罩发现于美索不达米亚，古埃及和古希腊也有黄金面罩出土，三星堆出土的黄金面罩与后者外形相似，有学者推断三星堆受到中、西亚地区文化的影响，由此推测商代中国西南地区与中、西亚地区已存在文化交流。但也有学者认为黄金面罩是古蜀青铜文明的产物，未受外来文化影响。

（文字整理：岳颖。图片与文字资料提供：三星堆博物馆）

三星堆是一个复合的文化：从古城址谈起

—— 专访北京大学考古文博学院学术委员会主任孙华

孙华（黄宇摄）

"三星堆的城市结构比较复杂，而且它的形成是一个陆续发展的过程，不断地在复杂化。"

对三星堆古城址，目前有哪些基本共识？

三联生活周刊：从 1986 年三星堆 1、2 号器物坑被发现至今，三星堆遗址的考古发掘一直在进行。除对出土器物的研究之外，现在的重心更偏向聚落考古和社会考古。请您先介绍一下三星堆古城的城址是如何发现的，现在我们对古城的认知有哪些基本共识？

孙华：三星堆古城的城墙一直在地表，只是早期人们没有意识到它是城墙而已。由于有一条马牧河从三星堆遗址中间横穿而过，所以考古学家一度认为是两个遗址。

河北面的遗址区被称作月亮湾遗址，所谓月亮湾是因为该区域的那道耸立在地表的城墙拐了个弯，好似月亮，古代广汉有个景观叫"三星伴月"，"三星"就是河南面遗址区三星堆的三个土堆，"伴月"之月也就是月亮湾。这些人们可以在遗址中观察到的耸立在地表的景观，之前没有把它们跟城墙联系到一起。20 世纪 30 年代，华西协合大学博物馆的葛维汉在遗址的发掘地点就在月亮湾，属于古城的北部。

河南面的遗址区过去叫横梁子遗址，横梁子是指三星堆古城南边那道外城墙。在马牧河南遗址区与北遗址区的关联性没有被认识到，尤其是三星堆遗址周边耸立的宽大土埂的性质还没有被认识到的时候，这里被当作一个独立的遗址。1980年后，在三星堆地点一系列考古发掘以后，四川的考古学家开始在马牧河南北展开调查，在相继确认了东、西两道城墙后，进一步确认所谓"横梁子"也是一道城墙。曾经认为的两个遗址——月亮湾和横梁子，从此被城墙围合成一个遗址，故后来将马牧河南北两个遗址区统称为三星堆遗址。

现在我们知道，三星堆遗址是一个拥有高大城墙的城市，不是一个普通聚落，很可能是一个古代国家的都城。三星堆遗址经历了三个时期、三种文化，从史前新石器时代末期一直到商代晚期，经历了宝墩文化、三星堆文化和十二桥文化。史前时期，宝墩文化的三星堆聚落尽管规模很大，但可能还没有城墙，城墙是在三星堆文化兴起的过程中陆续修筑的。到了三星堆文化没落之后，随着十二桥文化中心遗址金沙的兴起，三星堆城里住的人逐渐减少，这个城市就基本被放弃了。

21世纪的前十年，在三星堆城西北部的青关山地点，四川的考古学家发现了大型的建筑基址，该区域的遗存现象与城西南部的"祭祀坑"区域相比，在功能和性质上有很大差异。在第二个十年中，考古学家主要致力于三星堆城内的勘探和发掘工作，随着城内几道城墙的发现和确认，提出了三星堆城除了有北城和南城的区分外，在北城和南城内是否还有东、西小城的划分等问题。我们现在知道三星堆有比较复杂的城市结构，而且它的形成是一个陆续发展的过程，不断地在复杂化。

三联生活周刊：在谈到三星堆时，遗址、城址、古城、古国、文化，这些概念应该如何区分？

孙华：这是不同但又有关联性的一些概念。遗址是历史上人类聚居或进行某种大规模专门活动的场所，这些场所已经废弃，原有建筑物和构筑物已大部分毁坏，只剩下一些残垣断壁，其基址还大多掩埋在地下，需要进行考古勘察和发掘才能够揭示其平面布局等信息。

"城址"是遗址的一个类型，是指历史上城市毁弃后形成的遗址。城市是社会复杂化到一定程度后的产物，随着区域人口的繁衍和资源的紧张，聚落间人们的矛盾、冲突会增加，于是产生了聚落防御的需求。在聚落周围营建了防御的城墙、城壕等设施，聚落内兴建防御组织者和精英们聚集的大型建筑，周围的人们在战争时节躲进有城防的大型聚落，这些都是城市产生的一些原因。

"古城"和"古国"本来是古代城市和古代国家的泛称，被用作远古某一时期城邑和国家的专称时,"古城"往往与"古国"的概念相关联,甚至组合成史前"古城"林立的"邦国"或"古国"时期,以建构"古国"→"王国"→"帝国"的古代社会发展进程。

至于"文化",它是一个包括了知识、信仰、艺术、道德、法律、风俗以及其他作为社会成员所习得的任何才能与习惯的复杂整体,是人类社会在长期发展过程中凝固下来的代际传承的价值观念、社会机制和行为规则,社会的人们据此思维、交流和行为,并且产生和创造具有特征的物质制品或艺术风格。

三联生活周刊:与同时期的其他城址,尤其是具有都邑性质的遗址相比,三星堆城址是一个怎样的规模和体量?

孙华:以青关山大型建筑为行政中心的三星堆城址,面积约3.5平方公里。它的规模与同时期的城址相比,赶不上商代早中期商王朝的首都郑州商城,只比郑州商城的内城(约3平方公里)略大一些,却小于郑州商城的外郭城;但与郑州商城和偃师商城周边的商文化城址相比,如位于湖北黄陂的盘龙城遗址和垣曲商城遗址,规模又大一些。所以,就规模而言,三星堆是介于商代中央王朝首都和地方城市之间的这样一个规模的城址。

三联生活周刊:我们现知城内的大型建筑基址仅有青关山一处,基址边缘呈锯齿状,坐落在城西北高台上。它的建筑技术和格局有怎样的特点?是否可以代表早期长江中上游地区大型建筑的风格特征?

孙华:从建筑技术来看,三星堆文化与新石器时代本地的宝墩文化传统一脉相承。土筑城墙是以斜向堆土再斜向夯打的方式建造的,故城墙夯土的层理都是倾斜的,地下的基槽挖得也不是很深,跟中原地区深挖基槽、夹板平夯的夯土城墙不大一样。

三星堆城的大型建筑形态与中原地区的建筑也有所不同。中原地区采用夯土的台基,青关山大型建筑则在一个很高的台的台面上直接挖基槽,有的基槽外面有柱洞,墙体采用木骨泥墙的方式。

从建筑格局来看,中原地区的建筑群呈围院式,但在三星堆遗址中,考古学家目前还没有发现很典型的院落建筑群的遗址,因此还不好判断该文化的建筑组合。不过,三星堆建筑基址还有一个特点值得注意:中原地区的宫殿建筑都是横向布置的,建筑门道的轴线方向与主体建筑垂直;而青关山的这个大型建筑是纵向的,也就是从建筑的两个山墙的方向进出这座建筑,而不是中间。这种纵向的长屋式建筑多见于南方,比如位于浙江绍兴越王允常墓（又称印山大墓）的人字坡顶状墓室建筑，这可能是一种南方建筑的传统。

因此从同时期的城市和建筑上看，三星堆与其他地区的古代城址有同有异，某些特征与长江流域关联较大。不过，三星堆是一种复合的文化，其中一部分文化因素来自本地早先的宝墩文化，而宝墩文化又是从甘青地区（甘肃、青海）的马家窑文化和长江中游的史前文化（比如屈家岭文化）发展而来。三星堆文化还有不少来自中原的文化因素，因此我们现在看到的三星堆文化的面貌是多方面因素复合而成的。

三联生活周刊：从现在的地貌来看，穿城而过的马牧河干枯得比较严重，河道很狭窄，有些地方甚至已经完全干涸。根据目前的调查和研究，三星堆当时的环境、地貌、水系是一个怎样的面貌？

孙华：古往今来，成都平原的岷江和沱江冲积扇上的河流大多产生过不少变化，与三星堆遗址关联最紧密的河流是沱江冲积扇上的鸭子河。三星堆在鸭子河南岸，现在的广汉城也在鸭子河南岸，鸭子河的位置从古至今应该变化不大。但是，从三星堆城址中穿过的马牧河则变化比较大。在三星堆文化时期，人们是有序地管理和控制着穿越城邑的马牧河，以保障城市用水并防止洪水破坏城市。为此，三星堆的人们可能在城西马牧河的上游设立了一个分水设施，这个设施有点像都江堰那样，通过这个设施，一部分河水流入三星堆城的城内，另一部分多余的河水可以回流到鸭子河中，这样既可以防治水患，也可使用一些水上的交通工具，运送材料到城中。被引入三星堆城的马牧河水是从当时城西面的西城墙中间偏北一点的缺口（很可能是一个水门）而入，受到三星堆南北两个小城的城墙兼河堤的约束，然后从东城墙上的一个缺口（水门）流出城外。这条穿城而过的河流，还与围绕城邑的城濠和城内的一些濠沟相连接，构成一个相对完善的给排水系统。

三星堆城没落以后，不再有专门的机构和人员来管控这些水利设施，这些水利工程年久失修，河流的洪水就会冲毁这些设施并四处泛滥。当洪水泛滥的时候，超过需求的大量河水流进城内，不仅把西城墙和东城墙的南半段冲毁，还造成了河流改道和左右摇摆，在三星堆城址内形成了很宽的河滩地，因此我们现在看到马牧河的河床是很宽且不规则的，早先并不是这样。

月亮湾城墙遗址（蔡小川摄）

没有发现墓地，给研究三星堆城制造了一定障碍

三联生活周刊： 目前在城内尚未发现属于三星堆文化时期的墓葬，这意味着什么？

孙华： 目前三星堆研究一个很大的问题就是没有发现墓葬，没有发现三星堆文化的墓地。我们知道，三星堆文化时期是三星堆城的繁盛时期，这时期的三星堆城内应该有相当数量的人口，这些人生前居住在城内，死后去了哪儿呢？三星堆城不可能没有埋葬死者的专门场所，因为在此之前三星堆聚落就有专门的墓地——仁胜村墓地——的发现。该墓地位于古城西城墙外，属于宝墩村文化聚落的一部分，出现的时间比三星堆城要早，相当于从宝墩文化向三星堆文化过渡的那个阶段。并且这些墓葬的规模颇为可观，当时的人们采用的是土葬，墓坑挖得规整宽大，方向与三星堆器物坑和建筑基址相同，坑内有木椁腐烂的痕迹，有的还会随葬玉器以及大型动物部分躯体，这些都跟三星堆形成了一个呼应。所以我们认为三星堆文化时期，三星堆城人们的葬俗有可能会延续宝墩文化的传统，当然这只是推测。

三联生活周刊： 通常来看，墓葬坑的发掘，除了出土器物和进行相关器物研究，从城市考古的层面来看，它能提供哪些城市其他功能区无法提供的信息？

孙华：没有发现墓地，给研究三星堆城和三星堆文化制造了一定障碍。如果有成片的墓地发现和发掘，尤其是通过全面调勘能够掌握墓地的数量、每个墓地范围大小、每个墓地内墓葬数量、墓葬的等级规模、墓葬和墓地的文化异同、墓地延续的年代等信息，就可以对三星堆城人口的数量、人口的构成、贵族阶层和平民阶层的比例等有一些基本判断。但现在这些情况还都不清楚。而在三星堆文化之后，十二桥文化时期的墓葬就多了起来，再到后来春秋战国的巴蜀文化时期，墓葬的发现就更多了，我们对那个时期社会和历史的研究，许多信息源都来自墓地和墓葬。发现和发掘遗址的墓地和墓葬，是三星堆遗址今后工作的一个重要方面。

三联生活周刊：1986年发现1、2号器物坑时，两坑的方向一致，一度引起学界极大的兴趣和热烈的争论。但一直以来，我们的研究资料只有这两个器物坑作为样本，资料不全面，不足以支撑材料的理解和解释。直到2019年底，在1、2号坑旁边陆续发现3至8号器物坑，这些坑的朝向也基本一致，具有一定的关联性。这种关联性意味着什么？与城市的整体营建有没有关联？

孙华：这8个器物坑，方向都不是正常的方向，都是斜着的，是西北-东南这个方向。而这个方向与城市的方向、城内大型建筑的方向都是一致的，包括所谓"三星堆"的那三个土堆，其方向也是西北-东南向。这些现象说明，这些器物坑不会是外来文化和外族入侵者的产物，而是本城人、本族人即本国的人们留下的。他们具有相同的方位观念，才会从排列到坑的开口都是有规则的。对于这个一致的"西北-东南"方位观念，如果判断朝向的话，更可能是东南方向，也就是河流流水的方向，三星堆城大型建筑和三星堆1号坑坑口象征院落浅沟的门道方向，就是这样的。

三联生活周刊：您在谈到1986年发现的两坑时，用的是"器物坑"的说法，而不是"祭祀坑"。在其他专家的学术论著中，即使说"祭祀坑"，也多会加上双引号。我们应该如何理解这种谨慎？

孙华：这是因为学术界对三星堆器物坑的定性持比较慎重的态度，如果直接说"祭祀坑"，实际上已经把它的功能定性了，认定这些坑是基于某种宗教观念的用于祭祀目的的遗存。而在三星堆地点还没有全面揭露的时候，在还有一些器物坑没有进行考古发掘的情况下，我们对这些坑的功能本身还要做

三星堆是一个复合的文化：从古城址谈起

很多研究,才能做出一个最有可能性的判断。在此之前,用"器物坑"之类相对中性的词更为妥当。1986年两个器物坑被发现时,坑内掩埋的很多器物的确属于宗教祭祀的像设和器具,但损坏并埋藏这些像设和器具却不一定是为了祭祀,窖藏坑、墓葬坑、掩埋坑、祭祀坑的可能性都还不能排除。

如何解释三星堆城址的"法天象地"格局?

三联生活周刊:您曾谈到三星堆的城市规划包含了一种"法天象地"的思想内涵。所谓"法天象地",是一种比较抽象的古代思想,放在城市规划里,应该怎么去理解?

孙华:首先,在三星堆文化的早期,这种规划思想还没有形成,因为这个城市是逐渐形成、逐渐复杂化的。所谓"法天象地"的城市营建,也是在三星堆文化最晚阶段才形成的,以后的十二桥文化的中心金沙遗址和古蜀国最后的都城成都城也有所继承和发扬。我推测,在三星堆文化的晚期可能发生了一种变革,这种变革反映在城市建设上,就是把祭祀区单划出来,规划到贯穿都城的马牧河的南边,以彰显其地位。实际上彰显祭祀场所的地位,在某种意义上就是在彰显神权贵族的地位,把这个专门的场所固定下来,就形成了一种城市的规划模式。在三星堆文化时期,这种规划思想才开始萌生和尝试使用,有可能还只是一种探索,以后就成为一种都城规划传统。这种规划思想的核心就是,都城的南部城区是神的空间,北部城区是人的空间,中间的河流成为分割和连接的要素。

这种城市空间规划可以有多种解释。如果从城市平面的功能格局看,北部是世俗空间而南部是神圣空间,中间的河流是连接的纽带;如果把城市上南下北竖立起来看,世俗空间即人的世界就是最下面的地面空间,神圣空间即神的世界就是天上空间,两者之间的河流象征水和云气,是天上空间和地面空间的连接地带。所谓天、地、水,是古人最看重的三种元素。在平面的城市规划里,同时有天、地、水的象征,显然是一种"法天象地"的规划思想。

这种城市规划思想在古蜀国一直延续,例如金沙遗址的北面是世俗区域,南面则是一个祭祀场所,以后又延续到成都城,从成都城延续到统一后的大咸阳城。

三联生活周刊:为什么会说延续到了咸阳?成都与咸阳之间有怎样的关联?

孙华:关于成都和咸阳的关系,过去的史学

三星堆博物馆内，人们根据想象复原出的祭坛场景（蔡小川摄）

家早就注意到了，东晋《华阳国志》里说成都像咸阳，或是成都、咸阳同制。由于咸阳被魏破坏得很厉害，魏之前的布局已经不那么清楚，所以历史学家就试图用成都来反证咸阳的城市规划。汉代的成都是并列双城，因此有专家指出咸阳也是并列双城，但这种推测或有不妥。

首先，从秦灭巴蜀后，蜀对秦的作用以及以上谈到不同于中原的规划思想来看，不是成都学咸阳，而是咸阳学了成都。其次，成都并非并列双城，而是呈"田"字格，河将城分为南城和北城，南城、北城中间又有一道南北向的内阁墙，再分为东西两部分，只是汉代的成都没有保留南半部分——因为它不是都城——只保留了北面的两个城，因而造成一种假象，秦咸阳和成都都是并列双城，其实更早期应该是并列四城。

但是秦灭巴蜀后，秦始皇并不满足于继承，还想有新的发展，因此他把所谓"法天象地"的城市规划进行了一些改革，更强调天，而弱化了地。他把当时横贯咸阳城的内河想象成天上的银河，所以才有汉代《三辅黄图》里"渭水贯都，以象天汉，横桥南渡，以法牵牛"这样的说法。另外秦在渭北建造宫殿，也象征着天上的紫微星，就是天地所居；又在渭南建极庙，以象天极。所有

三星堆是一个复合的文化：从古城址谈起

这些都和天联系在一起，把都城想象成人们能看见的星空世界，这是一个很有想象力的大胆规划，甚至超越了后来《考工记》里"法地"的规划思想。

为什么围绕三星堆会出现这么多猜测与假说？

三联生活周刊：我们现在看到的三星堆城市格局最终形成于三星堆文化晚期，但不久这个城市就被废弃。有关三星堆消亡的原因，有很多不同的推测，对此您的看法如何？

孙华：在2001年金沙发现以前，很多人都认为三星堆是突然消亡的，可能是外敌入侵导致这个古国发展的中断。但现在看来，古蜀文化的传统并未中断。有很多迹象表明，三星堆文化末期发生了一些大的变故，比如两个器物坑的出土文物中，有不少砸过或烧过的残损痕迹，因此产生了几种三星堆王国消亡原因的假说。第一种常见的说法认为，当敌对国家或族群攻破三星堆王国的城池后，烧毁了宫殿神庙，掠夺了城内的人口和财富，导致城市衰退和王国灭亡；第二种说法认为，是洪水等灾变迫使三星堆人放弃三星堆城，迁居外地；第三种观点，也是我个人的观点，认为三星堆王国的衰亡是内部冲突所致。由于三星堆王国的统治阶级是由笄发和辫发（根据出土青铜人像发饰判断，分别代表神权贵族和世俗贵族）两个族群联合执政，在这样一个古代国家里，联合执政意味着一种平衡，这种平衡一旦被打破就会出现问题。在三星堆文化晚期，恰好出现了宗教被过分强调、财富被集中到神权贵族这一方的现象，打破了早先的权力制衡，最终导致内部冲突。在这个内部冲突中，城市破坏严重，神庙被烧毁，神庙中的大量器物被毁坏。新政权稳定之后，鉴于三星堆城以及城内建筑受到严重破坏，于是便选择了一个更好的地方，也就是岷江冲积扇下的成都平原中心，也就是金沙遗址的位置，建立了一个新都城，开创了一个新时代。从地理区位来说，三星堆的位置在成都平原相对偏北，金沙的位置才是成都平原的中心。这个"内部冲突说"也只是一个推论，金沙延续了三星堆王国主要人群和传统，但在金沙遗址出土的文物中，我们已经看到辫发的世俗贵族掌握祭祀权力的迹象。金沙王国很可能出现了辫发贵族阶级单独执政，一统天下的局面。

三联生活周刊：为什么围绕三星堆会出现这么多猜测与假说？即使在学界，有关三星堆的争议也很大，比如基础的分期与命名，至今仍无法达成相对的一致，其原因何在？

孙华：围绕着三星堆遗址和三星堆文化出现一系列猜测和假说，这与三星堆两个掩埋了大量珍奇文物的器物坑的发现是分不开的。这两个器物坑出土的铜神像、铜人像（其中不少是铜、木复合的神像和人像，木质的身躯已经不存）、铜神兽、铜神树、铜祭器、铜礼仪用具，以及黄金、玉石、象牙等质料的器物，有许多在过去从来没有见过，给人以很强的视觉冲击力和吸引力。无论是学术界的学者还是社会公众，都对三星堆产生了浓厚的兴趣。这是一个方面。另一方面，三星堆遗址的考古由于是连续性的，工作不断开展，资料不断积累，人力资源不足，整理工作滞后，现在的研究者能够使用的考古资料，除了《三星堆祭祀坑》的报告外，就只有1934年、1963年和1980年三次考古发掘的简报和报告，以后的资料一直未能整理发表。考古学者都很谨慎，一分材料说一分话，不妄作引申和演绎，一些涉及三星堆人和文化的来源和去向、与古代蜀国的关系、三星堆人的族属、三星堆国家的性质和特点、三星堆人的宗教观念等问题，考古学家多持小心假设和小心论证的态度。这种状况可能引起了一些急切想知道结论的公众的不满，他们也根据所知的有限信息，对三星堆的相关问题提出了多种猜测。围绕着三星堆出现那么多假说和猜测，其原因正在于此。

关于三星堆认识的歧异还有一个原因，那就是三星堆两个器物坑的器物十分残破，其原先的组合关系、种类数量、完整形态等都不是特别清晰，需要进行细致漫长的拼合复原和修复研究，才能提供相对完整的信息。由于我们研究者和公众关于三星堆的信息主要来自这两个器物坑的文物，文物的不完整性导致提供的信息也是破碎的，在连缀这些破碎信息过程中自然会出现种种的连缀方式，这也是三星堆认识还存在一些分歧的原因。

三联生活周刊：您在2003年主编了一套5册"三星堆文明丛书"，系统全面地介绍了当时学界对三星堆的研究，其中有两册是西方学者和日本学者对三星堆的研究和解读。与国内一线考古工作者和国内学者相比，海外对三星堆的研究持怎样的态度？他们关注的重点与国内有哪些区别？近年来又有哪些最新的研究成果和观点？

孙华：由于三星堆遗址的考古资料公布较少，目前关于三星堆的历史信息主要来自两个器物坑中已经修复的文物，国外学者比中国学者（尤其是参加过三星堆遗址考古的学者）更难以把握第一手资料，他们中间有些学者主要是通过自己观摩出国展览的三星堆文物，从中发现和提取相关信息。出国展出的往往是艺术精品，因而国外关注三星堆和研究三星堆的主要是东亚艺术史家，其次才是考古学家。由于日本的中国上古史研究具有与中国相似的史学传统，因而也有日本史学家结合蜀国古史传说对三星堆文物进行研究的例子。西方学者比具有"史学取向"的中国学者更加小心审慎，他们主要关注遗迹现象和文物本身的分析，基本不做推测和假说，以至于有中国学者认为，看了外国学者研究三星堆的论文，总觉得有点隔靴搔痒之感。由于新世纪以来有关三星堆遗址的考古材料公布很少，国外关于三星堆研究的热情也有所下降，相关研究比20世纪八九十年代更少了。

不过，我相信，随着三星堆遗址新考古报告的出版，三星堆几个新器物坑的发掘和新信息的发布，三星堆研究一定会出现一个新的热潮。

（撰文：薛芃）

金沙遗址：继起的新中心

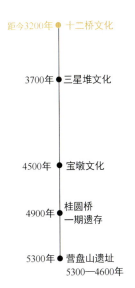

距今3200年 ● 十二桥文化

3700年 ● 三星堆文化

4500年 ● 宝墩文化

4900年 ● 桂圆桥
一期遗存

5300年 ● 营盘山遗址
5300—4600年

金沙遗址发现近20年来，人们一直将其视为十二桥文化的一个中心聚落，同时也是三星堆衰落之后，在成都平原兴起的一个具有都邑性质的中心聚落。不过，随着研究的深入，越来越多的学者更倾向于将金沙遗址视为一个宗教中心，而非都邑中心。三星堆遗址新一轮的考古发掘，或将促进人们对三星堆与金沙关系的深入理解。

建筑工地上的新发现

虽然快20年过去了，金沙遗址博物馆馆长，也是金沙遗址主要发掘成员朱章义，仍对当年遗址的发现情景记忆犹新。

2001年2月8日，元宵节过后第二天，成都市文物考古研究所的职工都被拉到绵阳开考古规划会。晚上，会议开到一半，副所长蒋成接到一个电话，说成都西郊的一个建筑工地发现了象牙和石器等文物。所长王毅当即便派副所长江章华、朱章义和张擎三人，连夜回去处理这一突发事件。

文物发现现场位于成都市西二环与西三环之间的青羊区苏坡乡金沙村。这一城乡接合部的小村子，当时正好在建设中的大型居民小区"蜀风花园城"规划区内。到现场前，朱章义他们一早已在市文物处看到了最先出土的5件石璧和1件石蛇、1件石跪坐人像。但现场看到的景象依然让人震撼。

金沙遗址出土太阳神鸟金饰的地方（蔡小川摄）

"那天大雾弥漫，那地方道路也没修通，找了半天才找到。在挖掘机挖出的非常深的两条沟里面，看到最多的还是象牙。象牙太多了，地上白花花的都是。我们下到沟里面，很多地方还能看到露出的象牙，有一个地方露出石璧、石虎之类，另外还发现了少量玉璧、玉璋、玉戈的残片。被挖坏的玉器薄薄一片，和瓷砖没什么分别，当时真有村民指着玉器残片问我们：瓷砖你们要不要？"朱章义向我们回忆道。看到玉器，他们马上意识到这里的重要性，因为在当时，整个成都平原只有广汉三星堆那里出土过玉器，大家很自然地将二者联系在了一起。"但是那个地方到底什么性质，当时确实没有认识到。我们最早认为是墓葬，所以出土文物的最初编号是 M 开头，代表墓葬，不是一开始就作为祭祀遗址，后来才改为编号 L，表示礼仪用器。"

接下来，考古工作队的重要任务就是清理机挖散土中的文物，同时成立专案组追缴已经流散出去的文物。如今已担任成都市文广新局非遗处处长的张擎，在当年的考古日记中写道："从机挖散土中清理文物的工作一直持续到4月27日，清理出文物达1300余件，至5月16日，专案组追回文物111件。"如今在金沙遗址博物馆第四展厅展出的珍贵文物，诸如太阳神鸟、金冠带、小的金面具、十节玉琮、小铜立人、石虎，都清理自机挖散土。其中，在同一条雨水管道沟夯土中发现的太阳神鸟、金冠带，出土经历堪称神奇。"当时管道沟已经挖好，管道已经埋好，并且已经人工夯筑过。"用张擎的话说，这两件文物在这样的情况下还能完整出土，至少要躲过几劫：挖掘机挖土时不被挖坏，在沟边的土中堆放几个月不被发现，人工回填夯筑时不被发现和损坏。

"机挖出土的文物，清理以后一共1400多件，我们现在所说金沙遗址博物馆的6000多件文物，机挖出土的差不多占了四分之一。"朱章义回忆。

金沙遗址博物馆馆长朱章义（左）和成都市文广新局非遗处处长张擎，两人当年都是金沙遗址的主要发掘者（蔡小川摄）

金沙遗址：继起的新中心　113

与其他考古发掘相比，金沙遗址大量珍贵文物在建设施工初期便被挖出，既是遗憾，也是幸运。遗憾在于，由于未经严格考古发掘程序出土，无法弄清准确的地层关系，为后续研究带来困扰；幸运的是，正是由于大批珍贵文物的发现，为遗址区接下来的大规模发掘与保护提供了便利。

2001年前后，成都处在城市建设的高速发展期，金沙遗址周边很多土地都已卖给开发商，只是尚未动工。在开发建设的压力下，为尽快弄清遗址的性质和分布范围，成都市考古工作队对遗址区域的数十处工地进行了大规模勘探和发掘。

进一步的发掘，很容易让人联想到摸底河北岸的"黄忠村遗址"。从1995年到2000年，成都市考古工作队先后对黄忠村进行过三次发掘，当时将发现的这一大型房屋基址、分布面积约1平方公里的遗址，定义为一处商代晚期至西周早期典型的十二桥文化遗址。考古学上的"十二桥文化"以1985年12月在成都市区西边发现的十二桥遗址命名，由于出土了一组以尖底杯、尖底盏、尖底罐、高领罐等为代表的典型陶器，遗址最下层的文化面貌正好与三星堆遗址最晚期遗存相同，因此被认为是成都平原继三星堆文化之后的重要考古文化。不过，当摸底河南岸的金沙遗址被发现后，"两处遗址属于同一大遗址的不同组成部分"成为共识，由于金沙的发现更为引人注目，"金沙遗址"便成为整个遗址区的名称。

"我们发现遗址面积大约5平方公里。我们说的5平方公里，不像有些遗址是这里一个点那里一个点，而基本可以说是成片分布，全部有人类居住活动的痕迹，这个面积在国内大遗址中都算非常大的。从遗址面积、出土的珍贵文物来看，我们当时得出一个结论：金沙遗址可能是三星堆之后古蜀国在商代晚期至西周时期的都邑所在地。"朱章义说。

金沙遗址分布范围示意图（郜超制图）

玉器、金器、青铜器等大量高等级文物，集中出土于摸底河南岸遗址西侧的"祭祀区"。与1986年在广汉三星堆发现的两个性质仍然有待商榷的"祭祀坑"相比，对金沙遗址"祭祀区"属性的确定，相对明确。朱章义解释说："首先在这个区域，出土这批器物的范围很集中；第二个最关键的是，尽管春秋晚期（或说金沙遗址中晚期）这个地方确实有一批陶器，但我们在金沙遗址祭祀活动最繁盛，有大量金器、玉器、铜器出土的地层，却几乎没有发现陶器等生活用具；另外一点，所有出土的玉器，包括类似于工具的那批东西，没有任何使用痕迹，所以我们认为可能与宗教祭祀有关。"

金沙遗址祭祀区全景。其中供参观者行走的步道，正是当年施工建设中挖掘机挖出的水沟，祭祀区绝大部分精美的文物，均清理自机挖土中（蔡小川摄）

由于遗址的重要性，保护工作也很快提上日程。谈及当年所做的几个保护方案，朱章义虽然为无法将5平方公里的遗址区全部保护下来感到遗憾，但他也清楚，当年政府能将400多亩土地划为遗址保护用地，已属难得。"金沙遗址自身也有优势，可能冥冥之中要保护它。当时在博物馆外规划了一个让市民休闲的体育公园，另外遗址刚好在摸底河两岸，河的两岸一般都会留比较宽的绿化带，所以开发地块还不是那么大，对政府来说调整难度不是很大。"

朱章义之后，张擎是金沙遗址工作站的第二任站长，他几乎亲历了所有重要文物的出土。遗址祭祀区在2001年那次发掘之后，在2004年修建博物馆时又进行了一次发掘，此后就是2006年世界文化遗产日做过直播的那次小型发掘。张擎回忆，2006年10月，王毅所长让他发掘8号祭祀坑，因为这个坑已有文物露

金沙遗址中一棵3000年前的榕树树根，可以推测，当时这一地区树木参天、植被茂盛（蔡小川摄）

在金沙遗址祭祀区的第三阶段（2600年前至春秋时期），祭品主要为野猪獠牙、鹿角、少量象牙，也包括美石，这一时期国力走向衰落，祭祀活动也走向衰落（蔡小川摄）

出，当时正在修建博物馆大棚，工地不太安全。不知什么原因，正式发掘延迟到了2007年2月8日，正是在那次发掘中，出土了那件大的金面具。回想起来，那次发掘正好是金沙遗址发现6周年的时间点。也是在那一年，金沙遗址博物馆建成开馆。此后，祭祀区没有再挖，全部保护了起来。

如今，走在博物馆的遗址区，人们仍能清晰地看到当年施工所挖的三条水沟，还有那些断面上露出的象牙、玉器。穿馆而过的摸底河，郁郁葱葱的树木，还有林木中饲养的鹿群，让这里充满遗址的气息。

三星堆与金沙，两个遗址有什么关系？

金沙遗址最初受到重视，是因为发现了此前只有三星堆遗址才发现的玉器。随着考古发掘的展开，两个遗址中部分器物的相似性，越来越引起人们的关注：三星堆遗址与金沙遗址究竟有什么关系？

长期研究三星堆遗址的北京大学考古文博学院学术委员会主任孙华，在金沙遗址出土的许多与三星堆遗址有联系的器物中，发现有两件最值得注意：小铜立人像和金冠带。透过金沙遗址博物馆的玻璃窗，我看到眼前的小铜立人像高不过十几厘米，与三星堆净高172厘米的大铜立人像不可同日而语。小铜立人像脑后垂着三股辫发组成的长辫，头戴可能象征太阳的帽圈，身穿长过双膝的长袖长衣，腰带上插有一柄短杖，双手握拳举于胸前。孙华仔细对比两件铜立人像后，发现"铜人的基本造型和神态与三星堆2号坑大铜立人像相同，耳垂都有挂耳环的穿孔，双手也都举于胸前；但三星堆大铜立人像头戴双眼形的帽子，发饰为戴发笄的笄发，腰上没有插

金沙遗址出土的小青铜立人，基本造型和神态与三星堆2号坑大铜立人像相同，只是后者头戴双眼形的帽子，发饰为戴发笄的笄发，腰上没有插权杖（蔡小川摄）

权杖，这是不同于金沙小铜立人像的"。

金冠带和小铜立人像都是在金沙遗址最初的机挖土中发现的。张擎回忆当时的出土细节："金冠带是从遗址雨水管道沟已经回填的夯土中挖出。当时正要发掘的时候，王大帅（当时的考古队队长王毅）正好带着电视台的记者过来，结果发现金冠带的纹饰与三星堆遗址权杖上的纹饰一模一样。发现的时候是弯曲的，从土里暴露出来的就是一根带子，后来才意识到可以围合，两边茬口正好可以对上。围合起来后一头大一头小，我们认为可能是帽子上的装饰，所以当时命名为金冠带。"金冠带上的图案组合以人面（神面）、鸟、鱼、箭各一作为一个构图单元，箭插在鱼身上，表现的是崇鸟射鱼的思想。与金冠带相比，三星堆黄金杖上的图案以人面（神面）、鸟、鱼、箭各二为一个构图单元，人面图案更为具象。

两个遗址的联系不止于此，孙华告诉我："金沙遗址的城是仿照三星堆的城，北面是世俗空间，南面是宗教空间。另外一些器用制度也很相似。三星堆里面的一些东西，绝大部分在金沙也能看到，包括一些具有宗教性和神秘性的东西，比如说凸目尖耳的神像，金沙虽然没有大神像，但小神像造型一样。三星堆遗址有手被捆着的石跪人像，有石蛇、石虎，还有头上辫发像一本翻开的书的石人像，在金沙也常见，而且更多。所以两个地方的被统治阶级是一致的。很多上层建筑的东西也一致。比如说他们都崇拜太阳神，所以金沙发现太阳神鸟的金饰物，发现凸目尖耳的神像，那种类似正在做祭祀活动的小铜人，以及带有族群标志的符号，不过一个在金杖上，一个在金冠带上，说明二者主要族群是相同的。当然，陶器也显示了强烈的继承性。所有这些，都说明金沙遗址是成都平原继三星堆文化以后兴起的另一个文化中心。"

通过对三星堆两个器物坑出土的大量青铜人像的比对分析，孙华发现三星堆的统治阶层明显分为辫发和笄发两个族群，前者代表的是掌握行政权力或军事权力的世俗贵族，后者代表的是掌握祭祀等宗教权力的神职贵族。到了金沙时期，无论是小铜立人像还是地位低下的双手反缚的石跪人像，都是辫发而未见笄发。

这种变化是如何形成的？从三星堆遗址的废弃到金沙遗址的兴起，究竟发生了什么？

相对外族入侵说、灾变说，孙华更相信这是三星堆王国内部冲突的产物，"由于三星堆是由两个族群联合执政的古代国家，联合执政意味着一种平衡，平衡一被打破就容易出现问题"。

在广汉和成都采访期间，让我最感困惑的是三星堆文化的分期问题。根据目前所建立的成都平原先秦考古学文化序列，按时间先后依次分为宝墩文化（公元前2600—前2000）、鱼凫村文化（公元前2000—前1600）、三星堆文化（公元前1800—前1200）、十二桥文化（公元前1200—前900）、新一村文化（公元前900—前500）、青羊宫文化（公元前500—前100）。不论是马牧河两岸的三星堆遗址，还是摸底河两岸的金沙遗址，都有丰富的先秦文化堆积——前者至少包含从宝墩文化到十二桥文化的文化堆积；后者则包含从宝墩文化到新一村文化的文化堆积。在成都文物考古研究院的办公室里，副院长江章华告诉我，目前三星堆文化和十二桥文化分期的混乱，主要缘于一些学者将遗址文化堆积与主体文化堆积混同了。

"十二桥文化阶段的金沙遗址，是十二桥文化的一个中心聚落，这样描述比较准确。目前来看，金沙遗址是三星堆文化衰落之后，在成都附近兴起的一个具有都邑性质的中心聚落。但是金沙与三星堆之间的关系究竟如何，还要看更细致的遗址分期和各种遗存年代的分期，来对比它们是怎么一回事。"江章华说。

2019年以来，在三星堆原来1、2号器物坑附近发现的6个器物坑，以及即将开始的新的发掘，又给二者关系的阐释带来了新的疑问与可能。江章华便谈到了自己的疑问："三星堆1号坑出土的陶器，就有十二桥文化的东西。而且最近要挖的6个坑，比那个1号坑还晚，探沟里面出土的陶器就是十二桥文化的陶器，还有尖底杯。所以我们还不清楚，到了十二桥文化早期的时候，三星堆都邑究竟衰落没有？这些坑的主人到底是谁？有没有可能，他们本身就是十二桥文化的主人？要不你怎么理解，到了十二桥文化时期，他们还在用这套东西？实际上这个'祭祀坑'，就相当于从三星堆文化到十二桥文化的过渡期。"

考古工作者曾在陕西南部汉水流域的城洋铜器群、城固县宝山遗址、紫阳县白马石遗址等地，发现与三星堆文化末期遗存和十二桥文化遗存相同的铜器和陶器。在秦岭北坡的宝鸡竹园沟和南坡宝凤隧道南端的凤县古遗址，人们也发现了素面无纹饰的陶尖底罐、尖底盏等典型的十二桥文化陶器；另外在宝鸡竹园沟和茹家庄弓鱼国墓葬也发现了许多典型的十二桥文化铜器和陶器。

如何看待这种文化的流布？在孙华描述的三星堆王国的衰亡图景中，三星堆人的一支穿越大巴山系进入汉水流域，进而进入关中；留在成都平原的一支迁往成都市区一带，促成了金沙遗址中心的兴盛。

然而，如何理解在三星堆文化末期便出现的十二桥文化因素，或者说，十二桥文化究竟是如何兴起的？

1985年12月，十二桥遗址被发现时，参与发掘的江章华还是四川大学历史系考古学专业的学生。1986年，他在大学毕业后便加入成都市博物馆考古队，在十二桥遗址一直发掘到1989年。"刚发现十二桥的时候，对它的年代认识不清，再加上十二桥文化中本身便有一些三星堆文化时期的陶器，当时认为就是三星堆时期的文化。1995年我刚好挖了新一村，挖了宝墩，后来很快写了一篇文章《成都平原先秦文化初论》，试图通过考古学建立成都平原文化编年序列，把十二桥文化分了出来。"江章华回忆。

2001年以后，江章华开始关注三峡地区的考古研究，在寻找巴文化的源头时，有了意外的发现，他的解释是：三星堆文化向十二桥文化转变的根本原因是鄂西地区巴人的西迁，一部分巴人迁入成都平原与三星堆人群融合。"中原地区的二里头文化，通过长江中游进入三星堆，影响到三星堆文化。但二里头文化并没有在长江中游停留很久，很快商文化就兴起，在长江中游强势向南扩张，形成盘龙城等遗址。但是商人对鄂西这块地区没有兴趣，所以鄂西地区就保留了二里头文化的东西。三星堆又在成都平原，所以给了鄂西地区发展自己土著文化的机会。鄂西地区的香炉石文化很快发展出尖底杯、寰底罐这套东西，跟我们后来金沙十二桥文化的东西相似。但是这个文化很奇怪，殷墟一期后在鄂西地区突然消失得无影无踪；它在鄂西地区消失的同时，却又在四川盆地包括陕南地区大量出现，而这个时候正是三星堆文化没落、十二桥文化兴起的时候。"

是都邑，还是祭祀中心？

不管是三星堆人的迁徙，还是巴人的西迁，总之与三星堆文化的聚落分布相比，考古界认为，以金沙遗址为中心的十二桥文化的聚落分布明显更为广泛，人口更为兴盛。

朱章义在遗址发掘过程中发现，金沙遗址祭祀区延续时间非常长，达1000年以上。根据考古地层与出土文物分析，金沙遗址祭祀区的祭祀活动，至少分为三个阶段：早期阶段（距今3400—3200年前），祭品主要以石器为主，有少量象牙、玉器；第二阶段（距今3200—2600年前），都城已从三星堆迁徙到金沙，祭品包括金器、玉器、青铜器、石器，这也是祭祀活动最为兴盛的阶段；第三阶段（距今2600年前—春秋时期），祭品主要为野猪獠牙、鹿角、少量象牙，也包括美石，可能这一时期国力走向衰落，祭祀活动也走向衰落。

张擎告诉我，金沙遗址祭祀区主要位于金沙村一个叫"乌木沱"的地方。这里曾是摸底河古河道的大拐弯处，由于水流回旋，沉降淤积了很多木头。在寰底罐描绘的祭祀区变迁中，金沙人最早就在摸底河南岸祭祀，祭祀完后便把祭品扔到河中，或者掩埋于河滩。这种情况大概持续了两三百年。后来，他们又从别的地

金沙遗址祭祀区主要位于金沙村一个叫乌木沱的地方，这里曾是摸底河古河道的大拐弯处，由于水流回旋，沉降淤积了很多木头（蔡小川摄）

方取土，在河滩上堆积出一个高于河道低于河岸的平台，在平台上进行祭祀，祭祀完后，把祭品埋入河滩，或在平台挖坑掩埋。这一过程中，他们还在平台上修建了九根柱子的祭祀台。再后来，祭祀时逐渐向河道里深入。前后持续上千年。正因为在如此漫长的时间里，人们不断挖土填土，再加上河滩本身高低不平，洪水冲击后又发生变化，导致金沙遗址祭祀区的地层关系非常复杂。

朱章义告诉我，在后来所做的天文学考古中，大家惊讶地发现，金沙遗址祭祀区祭祀台长边的方向，正好是冬至那天日出的方向。这也是遗址中许多墓葬、成都市不少老街的方向。

可以想象的是，三星堆人迁徙到摸底河旁的金沙村时，那里并非不毛之地，而是一个已经有着悠久传统的祭祀区。

尽管从许多器物来看，金沙人和三星堆人仍共享着一套神权价值符号和信仰体系，不过变化似乎在悄然发生着。除了生活陶器的根本变化外，金沙遗址中已经看不到那种外形宏大庄严的青

金沙遗址复原后的普通建筑，与成都平原当时建筑相仿，均为木骨泥墙，整个遗址区目前共发现三座大型建筑和上百座普通建筑基址（蔡小川摄）

铜器物。在江章华看来，这种变化的更大可能在于，在这一时期的金沙，世俗政治权力在不断增强，而宗教影响很可能在降低。"三星堆的这套礼仪用器为什么要做这么大？可能因为这一时期社会参与面广，就像我们今天几千人开会，多远都能看到，有震撼力；金沙时候做得小，可能社会参与面没有那么广，主要是一些神职人员参与祭祀，也不需要做那么具有震撼力的东西。"

在成都市考古研究院的办公室，金沙遗址主要发掘者及报告整理者、研究员周志清告诉我了有关金沙遗址的一大堆数据：在5平方公里的遗址范围内，到目前为止，抢救性发掘有100多处。在祭祀区保护范围外，96%的区域进行了发掘，发掘总面积达到25万平方米。在祭祀区外，还在摸底河北岸发现了被称为"宫殿"的三座大型建筑基址，3000多座墓葬，8000多个灰坑，200多座陶窑，以及可以确认的一般建筑100多座。

在金沙遗址分布图上，人们能清晰地看到摸底河南岸的大片祭祀区，北岸黄忠村多座大型建筑基址所在的"宫殿区"，以及

"宫殿区"附近的大片墓地,还有其间连片的生活遗迹。分工明确的功能区块似乎在告诉人们,曾经的金沙王国,多么盛极一时。

只是,周志清对金沙遗址目前的研究现状并不满意:"2001年之后,我们最重要的认识都来自挖掘机挖出来的一批精美文物。那批东西出来以后,我们的专家学者就对遗址的性质定性了,这也是20多年来我们对金沙遗址的认识没有进一步突破的原因。"

事实上,包括江章华在内的一些学者,已对金沙遗址的"都邑说"有所怀疑。"如果说金沙是都邑,那么有几个不合理的地方:一是金沙遗址所在地位于十二桥文化聚落密集分布区(都在郫县、新都那一带)的东南边缘,而不是中心位置,这似乎不利于政治控制;二是金沙遗址已发现3000余座墓葬,却没有发现一座高等级墓葬,这些墓葬没有明显的地位悬殊特性,而且多位于居住区附近,甚至与居住区重叠;三是金沙遗址发现的人型建筑群更像是宗庙性质的建筑。这个聚落的兴盛与它的祭祀体系有关,这套宗教仪式活动兴盛的时候,聚落就很兴盛;宗教活动衰落的时候,聚落就很衰落。这说明一个问题,这个聚落存在的基础就是宗教祭祀。所以,我认为它很可能是宗教中心。会不会在这个时期,它的宗教中心和世俗权力中心不在一块儿?不像三星堆是高度重合在一起的。"

从三星堆到金沙,考虑到浓厚的传承色彩,金沙遗址作为一个政治中心,却始终没有发现城墙,这也让人难以理解。就算是"大都无城",北边黄忠村那些被视为"宫殿"的大型建筑,隔三五十米就是大批平民墓葬,似乎也不太合理。

有意思的是,在金沙遗址祭祀最为繁盛的时期,距离遗址东北8公里的地方,还有一座发现于20世纪50年代的羊子山土台遗址。在《金沙遗址祭祀区出土文物精粹》一书的前言中,周

迄今为止，金沙遗址共发现3000多座墓葬，其朝向均为西北–东南向（蔡小川摄）

志清写道："金沙遗址祭祀区未见对先公先王崇拜，说明祭祀区可能是一处专门祭祀自然神祇的圣地，祭祀对象主要是太阳、山川、河流、土地等；这与以羊子山土台和三星堆祭祀坑为代表的祭祀方式和对象有着明显的差异，这种差异性正是商周时期古蜀人祭祀传统复杂而多元的反映。"

考古研究，更像是一个个在现有认识基础上形成的假说。"如果将来还能发现一些十二桥文化的政治中心，或者其他地方的一些大型王墓，我的假说可能就比较完善了。我现在有个推测，如果还有另外一个政治中心，很有可能就在郫县、新都这一带，因为这一带十二桥文化遗址特别密集。"江章华说。

伴随三星堆遗址新的考古发掘，从三星堆到金沙，那些关于古蜀文明的谜团或许能得到更多揭示，带给人们更多新的认识。

（撰文：艾江涛。参考资料：成都文物考古研究院、成都金沙遗址博物馆编著《金沙遗址祭祀区出土文物精粹》，孙华著《神秘的王国：对三星堆文明的初步理解和解释》。感谢陈德安、秦晴对采访的帮助）

金沙遗址重要出土文物

太阳神鸟金饰（蔡小川摄）

太阳神鸟金饰
外径12.5厘米，内径5.29厘米，厚度0.02厘米

含金量高达94.2%，为金沙遗址出土金器中含金量最高的器物。整器为圆形，厚度均匀，极薄，图案以镂空方式表现，分为内外两层。内层为一圆圈，周围等距分布12条顺时针旋转的齿状芒；外层等距分布在太阳周围的是四只形态相同的鸟，首足相接，飞行方向与内层旋涡的旋转方向相反。整个图案构图严谨，线条流畅，极富韵律，被国家文物局定为中国文化遗产标志。

目前对于图案的解释有两种：一种认为旋转的火球是太阳神，四只鸟是太阳神的四个使者，寓意东、西、南、北四个方向；另一种认为旋转的火球是太阳，四只鸟是托起太阳在天上运行的神鸟，表现的是"金乌负日"这一中国古代神话传说。

商周大金面具

长 20.5 厘米，宽 10.4 厘米，高 10.7 厘米，厚 0.08 厘米

整体脸谱系在模具上锤鍱成形，眼睛、鼻子、嘴巴、耳朵为剪切而成。脸部丰满，表情威严，具有一定写实风格，是目前发现的同时期形体最大、保存最为完整的金面具。器身多处折皱变形，并多处有细小裂口和残破洞，左耳下部有裂口。

出土于 2007 年 2 月，此前 6 年，曾有一件小金面具在其附近出土。二者虽都为人形面具，但造型和大小差异明显，制作年代应有一段距离。在大金面具出土的小圆坑内有许多掺杂朱砂的红色泥土。在远古时期，人们认为器物与人一样有生命，朱砂代表器物奉献给神灵之后所流的血液。因此，专家认为大金面具很可能是古蜀国在举行宗教祭祀活动时所用。此类型的金面具目前只在三星堆和金沙遗址发现过，证明二者有紧密的承袭关系。

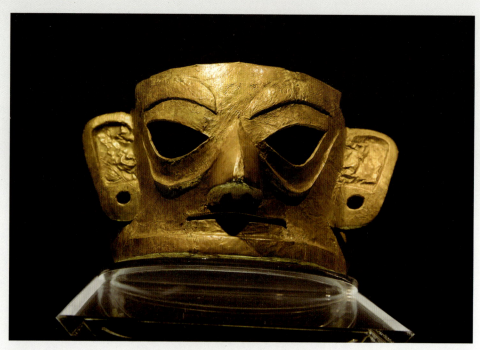

大金面具（蔡小川摄）

人面鱼鸟箭纹金王冠带（蔡小川摄）

人面鱼鸟箭纹细节（蔡小川摄）

人面鱼鸟箭纹金王冠带

外径 20.4 厘米，高 2.83 厘米，厚 0.03 厘米

整器锤鍱成形，纹样部分錾刻和刻划而成，包括四组相同的图案，每组图案有一鱼、一箭、一鸟和一人面，表现的场景是人用箭射鱼，箭经过鸟的侧面，深插入鱼头内。整个纹饰线条流畅，生动清晰。专家分析，该金冠带可能是古蜀国的贵族或国王戴在冠下端的黄金饰件。

关于图案的寓意，可以明确的是，人和鸟是被表现的主体，鱼是被射杀的对象，因此有四种推测：一、这反映了古蜀人对祖先和鸟的崇拜；二、鱼与鸟同样重要，是一些崇鸟和崇鱼的氏族的图腾；三、图案与古史传说中的第三代蜀王"鱼凫"有关；四、鱼和鸟是敌对关系，图案反映了两个王朝之间的战争历史。

该金冠带的纹饰与三星堆1号坑出土的金杖的纹饰在构图元素上基本相同，而细部多有差异。关于这些纹饰的相同与不同，目前还不能明确是否有特殊含义。

石跪坐人像（蔡小川摄）

石跪坐人像
长 8.73 厘米，宽 10.63 厘米，高 22.7 厘米

外表有黑色条状、褐色斑及白色划纹。人像为一裸体赤足的男性，发式奇特，中分，四角高翘，像"一本打开的书"，脑后有发辫。脸形方正瘦削，宽额，眉弓突起，双眼模糊，以彩绘形式描绘，圆睁平视，高鼻梁，阔嘴紧闭，涂鲜艳的朱砂。颧骨高起，面颊深凹，表情苦涩。两耳横张，耳垂穿孔。跪坐，双手被绳索反绑于身后。

金沙遗址共出土 12 件石跪坐人像，造型基本相同，多与石蛇、石虎等放在一起，应是用于祭祀活动，反映了商代以来的人祭（人牲）现象。此前资料表明，春秋晚期才出现模拟真人形貌的偶人俑，而这批石跪坐人像说明四川盆地至少在商代晚期到西周早期就出现了人祭替代品，也说明古蜀国的统治阶层意识和祭祀方式可能较中原地区更为开明进步。对于石跪坐人像的身份至今未有定论，他的姿势表明他应该出身卑微，也许是奴隶或犯人，有人根据发式猜想他是西南夷的俘虏，也有人认为他可能是"以身为牺牲，用祈福于上帝"的巫师。

商周石虎
长 28 厘米，宽 8.88 厘米，高 20.03 厘米

灰黑色，上有大量灰白色条状斑纹，似虎斑。虎呈卧姿，直颈昂首。嘴巴大开，口内雕有多颗牙齿，两边嘴角各有一个小钻孔。虎的口内、嘴部、胡须间、头顶耳间皆涂满朱砂，色泽艳丽，细部特征表现细腻。

石虎威猛而狞厉，自然而拙朴，静中有动，充满力量，是商周时期不可多得的石刻圆雕艺术精品。金沙遗址出土了 10 件立体圆雕石虎，均为伏卧状，制作方法基本相同。出土时，有些石人像跪于石虎前，应该是一种特殊的祭祀行为。

商周石虎（蔡小川摄）

追寻三星堆

十节玉琮

上端长 6.94 厘米，下端长 6.3 厘米，上孔径 5.55 厘米，下孔径 5.14 厘米，高 22.2 厘米

此玉琮为青色，质地温润，半透明。器表有因钙流失后形成的大片白化现象，还有黑色、灰黑色沁斑，并残存少量铜锈，出土前可能和铜器埋藏在一起。长方柱体，上大下小，外方内圆，中间贯穿一孔。器内外打磨抛光，玉质平滑光润，制作十分规整。全器分为十节，每节雕刻有简化人面纹，共40个。琮体上下两端凸起的圆筒称为射口，此玉琮上下均出射，上射部阴刻一人形符号，人形头戴长冠饰，双手平举，双脚岔开，仿佛正在舞蹈，可能表现的是祖先或者巫师正在祭祀的场景。

玉琮流行于长江下游良渚文化中，是一种极富地方色彩的玉器。目前金沙遗址已出土玉琮27件，是国内除良渚文化区域之外出土玉琮最多的一处。这些玉琮全部出土于金沙遗址的祭祀区，说明玉琮在金沙礼制系统中占有极其特殊的地位。通过分析十节玉琮的材质、形制、工艺和纹饰，专家判断它并非蜀地所产，而是源自良渚文化晚期，在良渚文化衰亡后被良渚人辗转带入古蜀地区。良渚文化比金沙文化至少早一千年，当十节玉琮被埋入地下时，已是一件"千年古董"。

十节玉琮（蔡小川摄）

金沙遗址重要出土文物

商周肩扛象牙人形纹玉璋(蔡小川摄)

商周肩扛象牙人形纹玉璋
长 24.5 厘米,宽 6.0 厘米,厚 1.2 厘米

灰白色,泛红,不透明,器表粘附大量黑色沁斑。平行四边形,扁平,直面,周缘直立。两面刻有对称图案,每组图案由一向右侧跪坐的人像、两道折曲纹、三道直线纹组成。人像为椭圆形眼,高鼻,方耳,方颐,头戴高冠,身着长袍,双膝着地,左手持握,肩上扛有一物,似一根完整的象牙。该人像的头部与三星堆遗址的青铜人头像极为相似。专家猜测,此纹饰表现了巫师肩扛象牙进行祭祀活动的场景,揭示了象牙在祭祀中的使用方法。

玉璋是古代祭祀天地四方的礼器之一,在中原流行于二里头文化时期,到商代便不太常见了。而在蜀地的三星堆遗址和金沙遗址中,玉璋却大量出现。金沙文化属于商代晚期到西周,这意味着玉璋在中原各地衰落之时,在古蜀国又兴盛起来。与此同时,玉璋又通过四川盆地,向南、西南、华南地区辐射,最后传到了广东和越南。

陶尖底杯
口径 8.2 厘米,通高 14.7 厘米

由泥质灰陶所作,口微敛,尖圆唇,深弧腹,尖底,素面。陶尖底杯是当时一种极为普遍的日常用器,其器底或为小平底,或为尖底,皆不能直接平放于地上,需与器座配套使用。这类器物除了在成都平原发现以外,在鄂西、重庆峡江地区、陕南地区也多有发现。关于它的功能,还有待进一步证明。尖底类陶器中最出名的是仰韶尖底瓶,小口,鼓腹,底部为圆锥形,部分腹部有双耳,专家推测它们是古人用来打水的汲水器。但相比于仰韶尖底瓶,金沙的尖底杯敞口尖底,形制偏小,没有双耳也不便系绳,应该不是用来盛水的。有人推测它是饮酒器或者制盐工具,不过目前还没有在古蜀文化中发现与制盐有关的任何证据。

金沙遗址出土了 400 余件陶器,主要以泥条盘筑而成,制作或精细,或粗糙,但基本都没有纹样装饰。它们大多是盛器,也有酒器,还有的可能是陶制礼器。

陶尖底杯

(文字整理:岳颖。未署名图片与文字资料提供:金沙遗址博物馆)

下篇

三星堆和它的时代：长江流域的青铜文明

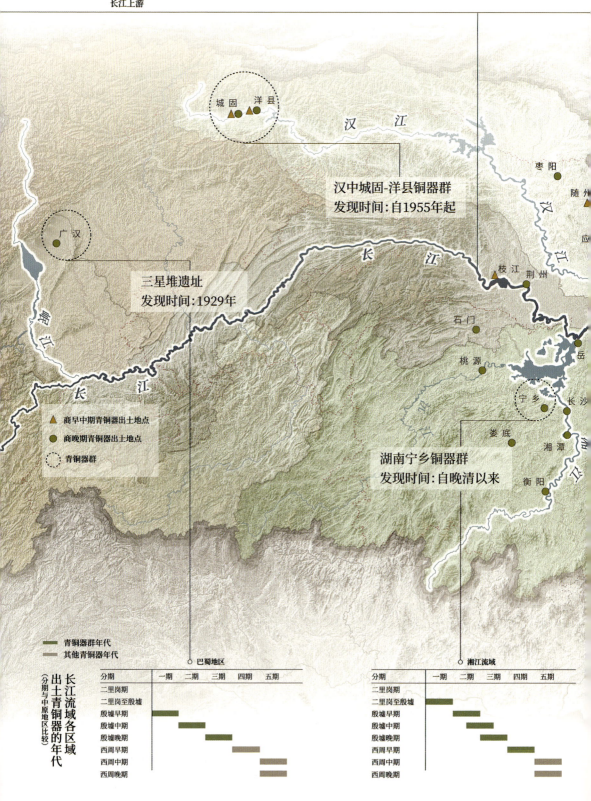

在三星堆的最新考古发掘中，3号坑里，一件特别的青铜器引起了考古工作者的关注。跪坐的人像，头上顶着一个跟人像几乎等大的圆口尊，人像面部是典型的三星堆风格，宽目宽口，双手呈作揖状摆在胸前。上半部分的圆口尊，颈部已经破裂，腹部雕刻着复杂的兽面纹样，从器形到纹样都是典型的中原商朝风格。

器物高1.15米，人像和圆口尊几乎各占一半，比例有些失衡，大尊压着跪坐的人像，在气势上便占了上风。此前三星堆出土过一件类似的东西，但体积小得多。在三星堆之外，同时期的任何地方，都没有出土过这么奇特的器物，本土风格与中原风格强硬地拼接在一起，中间有一条明确的界线。这件青铜器的造型超出了人们的想象，有专家看着这件器物联想起一个词——顶礼膜拜，这似乎也说得通，或许隐喻着，地处西南边陲的古蜀国与地处中原的商王朝中心都城之间的关系。

尊与罍，是三星堆出土最多的两类青铜容器。也正因为有大量尊和罍的存在，人们才相信三星堆，或者说它代表的古蜀国与中原商王朝之间是有所往来的，并且是受其影响的。如今在学界，这一观点已获公认。

我们将视野放宽，三星堆祭祀区所处时间段相当于商代殷墟时期，也就是商代晚期。此时的商王朝已经不再像早期和中期那样处于扩张状态，而是处于疆域收缩的状态，越来越集中回到中原一带。殷商时期，中原以南直至长江流域的疆域被称为"南土"，而南土的疆域，随着商朝统治与管辖的范围变化，也是在不断变化的，没有一个固定的边界。三千余年前的中国，南土地区仍多是荒蛮之地，远没有中原地区发达。严格来说，三星堆这个地方甚至在南土、西土之外。在广袤的中国土地上，它的特征不具备普遍性，但以目前的考古研究来看，三星堆仍和中原具有关联，是一个地域性特征极强的商代青铜文明中的支流。

除了三星堆，商时期长江流域的青铜文明还有一条若隐若现但依然耀眼的线索，散布于上游、中游和下游。湖南宁乡出土的四羊方尊、江西新干大洋洲出土的双面神人青铜头像、安徽阜南台家寺的龙虎尊等，都能代表南方的青铜最高水平，不亚于几乎同时期殷墟妇好墓出土的青铜器。也就是说，三千多年前青铜文明的辐射范围是很广的，青铜器是我们现在回看那个历史时期最重要的物质载体。

要厘清这个时期中原与长江流域各地之间的关系，考古发现有着极其重要的地位，它们连接起来，共同搭建出商代青铜文明的图景。观看这个图景时会发现，南方与中原的青铜器面貌差异不小；湖南宁乡、江西吴城、安徽台家寺甚至远至汉中城固和洋县的青铜器，都带有很强的地域性，动物造型多，人像面具也多，这些都是差异性，那么共性呢？

在所有出土的青铜器物中，尊和罍就是连接这些地域的纽带。这些南方商代晚期遗址中，尊和罍的出土数量都不少，而且无论是器形、装饰或是铸造，和商文化青铜器的相似度都很高。在它们之间，总能找到千丝万缕的联系。因此，若想弄明白商代长江流域青铜文明的面貌，尊与罍才是真正的钥匙。

中国社会科学院考古研究所研究员施劲松是研究南方青铜文明的资深学者，他说："尊和罍这两类器物虽有地方特点，但基本的器形和纹饰都来源于商文化，所以它们也是长江流域青铜器中少有的可以和商文化青铜器相比较的器类。通过比较，我们不仅可以判定这两类铜器的年代，还可以由此推断其他铜器甚至相关考古学文化的年代。通过这两类铜器，我们可以寻找长江流域各区域之间，以及各区域与中原之间文化上的联系。从目前的材料看，这两类铜器可能受中原铜器的影响而在长江中下游出现，之后沿长江而上流传到了成都平原。"

说到这里，我们还没有提到商代长江流域最重要的遗址之一——盘龙城。在20世纪50年代湖北黄陂盘龙城遗址被发现之前，人们对商文化的认知都集中在中原。盘龙城的发现，开启了对商之南土的探索。在武汉大学历史学院考古系教授张昌平看来，"盘龙城的发现和认知历程，差不多就是新中国之后学术界和社会大众认识南方青铜文明的过程"。

虽然同处于商代，但它与以上几处都不相同。第一，盘龙城时间早，是早商与郑州商城同时期的；第二，在盘龙城出土的青铜器中，尊和罍不是最主要的青铜礼器，因为在商代中期以前，尊和罍还不是青铜礼制的主要构成；第三，盘龙城的青铜器更接近中原风格，没有明显的地域特色，这一点让学界认为，在长江流域，盘龙城是与中原商王朝关系最密切的地方。

但是，盘龙城之于长江流域青铜文明的意义在于，它在某种程度上相当于商之南土的中心和中转站，在一脉相承地沿袭了中原礼制和风格之后，再将其传播到更广阔的南、西、东地域，在两湖、江西、四川、安徽等地生根。在盘龙城衰落之后的中晚商，整个长江流域其他地方的青铜文明开始兴盛，并将中原风格与地方风格相结合，形成独特的地域性，这便是盘龙城在整个商代版图和历史上的重要意义。

当我们把商王朝中原与长江流域青铜文明的版图搭建起来之后，就会思考另一个问题:冶金术很有可能是从西方传入中国的,到了中国之后,变得发达而且独特,那么为什么中国到了商代,才开始拥有这样一片青铜文明的土壤?

在张昌平看来,这是一个复杂的学术问题。在中国的农业传统里,稻、粟等主要农作物需要生活类的器皿,从新石器时代开始,陶器就成了最主要的饮食类器物,在这样的背景下,陶器就特别多,且技术发达;再之,很多陶器已经具备礼器的性质,在墓葬出土中,时常能看到成套的有明确等级之分的陶礼器,这就为青铜礼器埋下了伏笔。

当冶金技术进入中国,礼器制度延传下来,人们采用更高级的青铜工艺来彰显身份与等级,并创造出一套更加复杂的礼制,相应地,礼器结构也更复杂。从陶到铜,看似是一个简单的材质变化,但其背后蕴含的是社会体制和组织结构的复杂化。这个变化催生出真正意义上的早期文明和早期国家,因为铜器与陶器相比,不仅制造技术更复杂,还意味着社会组织的复杂化。正如张光直先生在著作《中国青铜时代》中所引用的厄休拉·富兰克林(Ursula Franklin)的观点:在中国,青铜生产的开始表示具有能够获取与补充所需的强制劳动力的组织和力量存在,由此催生出新的社会秩序。同时,由于青铜生产是要依靠这种社会秩序的,青铜便成为这种秩序的象征,并且进一步成为它的维持力量。

在上篇,我们已经推开了三星堆这扇美丽的大门。在下篇,我们将展开长江流域考古文化的大图景,并以此看待三星堆文化的独特性。在考古学者的帮助下,我们沿长江主干与支流,选取四个与三星堆年代相近的考古遗址进行了实地踏访,包括湖南宁乡炭河里、湖北武汉盘龙城、江西新干大墓、陕西汉中城固和洋县,以此来深入认识商时期长江流域青铜文明的重要发生地;在独特的地域性背后,它们各自以何种方式受到中原商文化的影响?在它们彼此之间又是否存在关联性?其中,宁乡和吴城因出土了著名的青铜重器而闻名,汉中虽然不在长江沿线,但它同受商文化影响,形成了独特面貌。跨越空间,通过将这些地域串联在一起,可以构建出一个更生动和清晰的历史时空。(文:薛芃)

3号坑一角(蔡小川摄)

鸟瞰商朝时期青铜版图
——专访考古学家李伯谦

考古学家李伯谦

上了年纪之后,李伯谦老先生从北京搬回老家郑州住。我们的见面,约在郑州图书馆,这儿离他刚搬的新家很近,图书馆也特意给老先生准备了一间工作室,供他晚年继续做研究。

李伯谦出生于1937年,今年84岁。前不久刚生一场病,如今身体恢复了不少,硬朗多了,不过还是不能长时间说话。我们的采访断断续续,聊一会儿休息一会儿。他对于曾经参与的考古发掘记忆深刻,还记得在盘龙城发掘时遭遇了村里的血吸虫病,也清楚地记得每一次重要学术研讨会上自己论文的完整标题。

1961年夏天,李伯谦从北京大学考古系毕业,恩师苏秉琦将他留校任教,自此他开始了几十年的田野考古生涯。他参与过河南偃师二里头、安阳殷墟、北京昌平雪山和房山琉璃河、江西吴城、湖北盘龙城、荆州荆南寺、山西曲沃曲村等地的考古发掘,这些地方都是商周青铜文明重要遗址。在这些丰富的考古经验上,李伯谦逐渐建立了自己的研究方法和理论体系。他提出的文化因素分析方法,直到现在,依然是考古界重要的研究方法。

什么是文化因素分析方法?简单来说,就是面对一处遗址,该如何判断它的性质?影响其形成的原因是多方面的,尤其是地域文化长期渗透式的影响,润物无声,这些因素都要分而治之,分别考量。在此之前,地层学和类型学是考古界给遗址定性的主要方法,但李伯谦发现,很多地区的情况复杂,应该把文化的成因进行解构式地分析,而不是把复杂的问题简单化。这并不是李伯谦的首创,他只是将其理论化,更系统地总结了出来。

20世纪七八十年代,李伯谦在各地进行了多次田野考古。在这些经验的基础上,80年代后期,研究成果陆续发表。他将中原青铜文明和南方、北方各地的青铜文明放在一起比较,鸟瞰整个夏商周时期的中国版图,建立起一个更宏观的青铜谱系,这是他对中国考古的另一个重要贡献。

构建中国青铜文化体系

三联生活周刊:20世纪70年代,您先后带队去江西吴城和湖北盘龙城进行考古发掘,这两次发掘对我们认知长江流域青铜文明有很大的推动作用,您还在这个时期提出了考古学的"文化因素分析方法",直到现在考古学界仍然注重这个方法。可否先请您谈谈这两次发掘与该考古分析方法之间的关联?

李伯谦:1973年去江西吴城发掘,是个很偶然的机会。有一天,我们考古教研室主任苏秉琦教授给我打电话,那时候他的单位是中国科学院考古研究所,不是社科院,同时也在北大兼职。他说有时间你来一趟,我说什么事,他说江西吴城那边正在修一个湖,面临抢救性发掘,你的同学从江西背回来一麻袋陶片,我看了看觉得很重要,你过来看一看。苏先生跑过很多地方,他的判断是很敏锐的。他很快就派我带个队,组织一批北大的学生去那边实习,做考古发掘工作。

我1961年从北大毕业之后,基本上都在北方和中原地区参与发掘,没去过南方。那是第一次到南方去,啥都不认识,很多陶片的样式也没见过,跟北方的面貌差异不小。当时挖出来很多几何形印纹陶,还有一些是带釉的,这在北方很少碰到。我们根据发掘现场的地层,初步给吴城分了三期,就是按时代早晚的三个阶段。因为我们在北方考古工作做多了,通常的经验是,只要地层关系搞清楚,根据器型的变化来分期不太会出错。但到了南方,该怎么定性——就是挖出来的这些东西在考古学上该是什么叫法,如何定它们的文化性质,这就是问题,因为此前没有太多先例参考。

我们把有几何形印纹的陶片和没有的分开来看,清理出来大量陶片,很零散很碎,看不出什么。但复原出一些完整器形时,它们的特点就暴露出来了。我们发现,没有几何形印纹的这批陶片和郑州发现的商文化陶器很像,不仅纹饰相像,器形也相像。比如鬲,那种三条腿的陶器,以前在南方很少有发现,现在一粘对,发现跟郑州的基本一样。此外,像豆、盆和酒器觚、爵、斝,从器形到纹饰都很"北方",但有印纹的陶器又很不一样。所以，我们就把这些东西区分来看，分成不同的组别来讨论，它们产生差异的根本原因，就是影响它们的文化因素不同。

三联生活周刊：根据这些分析，您最早提出了"吴城文化"这个概念，您当时是如何判断"吴城文化"的？

李伯谦：吴城出的陶器和青铜器，与郑州商城相似的占少部分。从陶器来说，大部分是与中原不同的几何形印纹陶；青铜器也是如此，相似的比相异的少。所以首先，我们不能直接判断它是商文化。当时不少考古学者，根据出土器物与郑州商城的关联认为这就是典型的商文化，但其实是欠妥的。

我们提出，应该称作"受商文化强烈影响的长江中下游青铜文化"，我们判定它的时期是商，但不意味着可以称之为商文化，这种争议和讨论在70年代的考古界是很重要的。当时吴城有大量青铜器出来，这就很不得了，因为此前在江浙地区的考古发掘，出现的基本都是陶器，青铜器很少，尤其是商代早期阶段的更少。

三联生活周刊：吴城发掘之后的第二年，您又带队发掘盘龙城，之前的吴城经验是否会对盘龙城性质的判断有帮助？文化因素分析方法是如何一步步完善的？

李伯谦：盘龙城所在的武汉一直是南方重镇，因为有吴城在先，所以脑子里是有这个弦在的，就是要考虑它复杂的文化因素。但盘龙城要比吴城清晰很多，我们还是说说几何形印纹陶，就盘龙城来讲，占比10%都不到，出土器物的面貌跟郑州商城的面貌很近，所以我们几乎可以直接称盘龙城为商文化。但有意思的是，因为盘龙城在长江边，离分布大量几何形印纹陶器的遗存都很近，相互之间是会有影响的，这一点很重要，这就使得盘龙城和中原商文化之间还是存在一定区别的。

我们现在认为，盘龙城是商文化向南推进过程中建立的一个重要据点。郑州商城出的青铜器很多，但加起来还没有盘龙城多。盘龙城的几个高等级贵族墓葬很重要，相比之下，郑州商城没有出现墓葬，如果出现墓葬，很有可能会是王墓，那就不得了了。但郑州有三处重要的窖藏坑，其中大圆鼎、大方鼎都是王爷级别才能享用的，如果这些都是墓葬出土，那意义就不同了，我们也可以更好地把盘龙城和郑州商城放在一起比较。

这些差异也是不同文化因素作用的结果。后来，1978年在庐山开了一个有关南方印纹陶器的研讨会，会上我提交了两篇文章，一篇讨论吴城文化，另一篇讨论文化因素分析方法。从1973年发掘到1978年，这几年，我一直在琢磨如何将文化因素的分析方法用在考古上。任何一个遗址挖出来的东西，不管是遗存也好，遗物也好，这些考古文化的有机组成部分都应该区分对待，分成不同的"堆"来分析。我们当时做学术研究，受毛主席的《实践论》《矛盾论》影响很大，所以这也是时代的产物。

三联生活周刊：长江流域几个重要的青铜文明遗址，比如盘龙城、吴城、宁乡炭河里，再到东边安徽台家寺等，我们现在把它们看成一个南方青铜文明的整体，那么在商代它们之间有怎样的关联，与中原商王朝存在怎样的亲疏关系？

李伯谦：从商初到商亡，时间跨度很长，有五百多年。这么长的时间跨度，整个文明版图的发展也是一个不断变化的过程。这里面，盘龙城是最早的，相当于郑州商城时期，它是商代早期中原文化向南方进一步扩展的据点，向西影响到荆州荆南寺遗址，向南影响到岳阳费家河，向东南影响到黄石铜绿山，并一直到江西，所以盘龙城相当于一个中转站。

盘龙城属于商文化，而吴城是受商文化影响的当地土著青铜文化，可能商文化并没有直接影响到吴城，而是通过盘龙城这个中转站来传递影响的。宁乡也是，但宁乡更晚，与盘龙城的时间完全是错开的，它所处的殷墟时期，商王朝的疆域和控制力也在逐渐收缩，所以我们认为，商王朝对南方的影响是逐渐减弱的，因此越到晚期、越往南方，其文化面貌就与中原差异越大。

三联生活周刊：20世纪七八十年代有很多重大考古发现，在苏秉琦先生"条块说"的影响下，考古界对非中原地区的古代文明越来越重视，对古代长江流域文明的认知也逐渐走出考古圈，走进大众视野。在您看来，是怎样的时代背景和学术环境造就了考古学的这段"黄金年代"？

李伯谦：这是一个大开发、大建设的年代，为了配合建设，有很多抢救性发掘，所以这个时候比以前的发现多得多，积累的材料也多。另一方面，考古学者开始从这些遗存中寻找一些理论和方法，基于大量的发掘和材料，才能产生理论架构。以苏秉琦先生为首的考古学家，提出了一些理论和方法，这些理论和方法也会反作用到考古实践中。

苏先生的理论方法最早要追溯到1965年。那一年，他在《考古学报》上发表了长文《关于仰韶文化的若干问题》，从那个时候开始，他就提出来考古学"文化区系类型"这个理论。

实际上，我提出文化因素分析方法，也

是受到苏先生影响。我上大学的时候，苏先生讲秦汉考古，虽然他不是专门做秦汉考古的，但他教秦汉时期的课。我记得他讲山西、陕西的汉代画像石，其中陕北画像石中出现不少粟，只有山陕北部种这个东西，他强调这就是很明显的地域特征。现在我们觉得这是很普遍的思考方式，但在那个时候，这是很少有人考虑到的。

很重要的一点是，苏先生没有把中国看成铁板一块，而是把中国现有的这个大范围，看成是由不同文化体系组成的。他的划分方法主要应用在新石器时代，这个时期的史料、文献相对匮乏，考古就显得尤为重要。他把中国分为六区：以燕山南北长城地带为重心的北方，以山东为中心的东方，以关中、晋南、豫西为中心的中原，以环太湖为中心的东南部，以环洞庭湖与四川盆地为中心的西南部，以鄱阳湖—珠江三角洲一线为中轴的南方，在此基础上，再进行系和类型的细分。

三联生活周刊：在此之前，考古学上的区域性意识相对比较薄弱吗？

李伯谦：其实一直都有这个意识，比如梁思永先生给我们讲黑陶文化，讲到山东的龙山文化，他看到黑陶和灰陶有相似之处，但又不一样，便把龙山文化与中原地区的出土相比较，认为龙山文化可能是商文化的先驱。这些比较和判断都是有地区因素考虑的。他也会把不同的区块分开看待，但这都是一种直觉上的考古学推测。而苏秉琦先生把这些直觉性的判断上升到了理论层面，形成体系，他的贡献在这里。

夏商周考古的不同难题

三联生活周刊：1995年，您开始担任国家"夏商周断代工程"的首席科学家。学界这些年在考古学上对长江流域商周文明的认知推进，是否对夏商周断代有一定作用？

李伯谦：尽管夏商周断代工程研究的是夏商周三个朝代的年代学，涉及不同地区的夏商周，但总的来说，长江流域的考古发现对此影响不算大。中原地区的考古和文献发现仍是夏商周断代的主要依据。

夏商周断代，首要的问题是夏存不存在。虽然现在仍有争议，我个人还是认为夏是存在的。郑州商城、偃师商城相继发现，被视为早商的都邑，这其实为夏商分界找到了一个界标。现在我们去寻找夏的痕迹，一个是二里头遗址，另一个是河南登封的王城岗遗址，但这些未必是夏的早期，早期的夏文化应该去嵩山南北的龙山文化晚期里去

鸟瞰商朝时期青铜版图

找,这样夏商周就与新石器时代对接上了。

三联生活周刊:那么商的难题又是什么?

李伯谦:商的问题和夏不一样。夏的问题是有没有,商的问题首先是商朝的都城是如何迁移的,疆域是如何变化的。

郑州商城和偃师商城都是早期商城,那么哪个是核心?现在学界倾向于郑州商城是核心,不仅因为它的范围更大,而且因为发现的遗迹、遗存更多。很可惜的是,郑州商城在郑州老城区里,城市的发展建设太快,很多遗迹没有保存下来。按照文献记载,商朝的都城迁过好几次,现在我们基本可以肯定,郑州商城是亳都,商汤到仲丁之间的十位商王在此定都。文献又说"仲丁迁隞",那么隞在哪里?现在我们认为小双桥遗址就是隞都,小双桥在郑州市区西北20公里处,其实从大范围来说,它离郑州商城很近,年代是在亳都之后的。仲丁之后,商王朝遭遇"九世之乱",都城迁来迁去,比如说"祖乙迁邢",有学者认为"邢"是现在的邢台;再比如2000年左右发现的洹北商城,是商中期都城所在。商代的都城迁移很复杂,就给商代考古和历史研究带来了不少难题。

另外一个难题,在于商文化分布的面积究竟有多大,不同时期商王朝统治和影响的疆域有多大。我们现在把商朝分为早中晚三期,建朝初期以现在的河南为中心,版图从早期到中期一直在扩张,辐射到长江流域,但到了晚期,疆域收缩,甚至比早期的范围更小。

再一个难点就是商朝的礼制,虽然在甲骨文中有很多记载,但考古学上能不能提供更多的依据,商的礼制对周的礼制有什么影响,这个问题关系到整个商周的社会制度。这些问题虽然我们现在都有大致的认知,但很多细节,考古与文献的对应问题都还需要再做研究。

三联生活周刊:周的青铜器上有很多铭文,这些文字提供了大量可靠的信息,但商的青铜器上铭文很少,我们是不是只能依靠类型学来推断其中蕴含的礼制或其他信息?

李伯谦:研究商周的礼制,各有不同的优势。各种器物的类型学当然是很重要的依据,商代的甲骨文内容更多是占卜方面的,而且甲骨文不是各地都有,目前都在北方的河南、山东,以安阳为重中之重,郑州也有一点,但不成系统,而南方是没有甲骨文出土的。所以我们现在对商朝的研究,比如商朝疆域变化、商朝时期长江流域青铜文明这类课题,还是得以考古为主,根据考古发现来构建它的时空关系,研究礼制、墓葬,而墓葬发现得多,具体材料就多,这个时空关系的建立也就能更清晰,所以考古学一直都处在一个不断探索前进的过程中。

商周的制度是两套完全不同的系统,周人最重要的是土地分封制,分封一块土地给人治理,一家一户实行井田制,而商人没有。再比如官吏的任免,周人采用官僚选拔制,选贤与能,商人在这方面也没有周人先进。这些制度本身都是根据社会发展的需要逐步产生的,也是能在考古发掘中不断相互印证的。

中国独特的青铜时代

三联生活周刊:在全球古文明体系里看,为什么中国可以成就一个独特的青铜时代,形成长达数千年的青铜文明?

李伯谦:从全球古代史来看,各个文明基本上都会经历石器时代、陶器时代、青铜时代、铁器时代这样几个文明阶段,这是普遍性,每个地区发生的形式会不太相同,中国在这个过程中并不是特殊的。但是,中国的这一套办法和文明的面貌有其独特性。古代中国有一个很重要的社会特征,就是社会形态比较稳定,战争虽然很多,但打来打去都是这些人。中国自古强调血缘关系,因为强调血缘关系,就会容易形成一脉相承的传统,每个时代的各个地域,每个地域的各个时代之间都会有强烈的连接,因此我们看青铜文明,中原与长江流域虽然有很多器形、纹饰、内涵的差异,但它们之间是相互影响、关系密切的。全球其他文明可能在这方面与中国有所不同。

(文:薛芃)

鸟瞰商朝时期青铜版图

商代青铜哪里来：两大铜矿遗址

随着人们对湖北大冶铜绿山、江西瑞昌铜岭——两个始采于商代的铜矿遗址的深入发掘研究，越来越多的证据显示，一大部分商代青铜原料正来自至今依然储量丰富的长江流域中下游铜矿带。大批青铜原料正是从这里，通过不同线路，运往中原商王朝的统治中心，还有盘踞各地的青铜文化中心。

铜料从哪儿来？

伴随河南安阳殷墟妇好墓、四川广汉三星堆遗址、江西新干大洋洲大墓的发现，商代灿烂的青铜文明举世瞩目。同时出现的问题是，如此数量庞大、铸造精美的商代青铜器，其矿料究竟来自何方？

1973年10月起，湖北大冶铜绿山古铜矿矿冶遗址群的发现、发掘与研究，为回答这一问题打下了基础。1988年，江西瑞昌铜岭铜矿采冶遗址的发现，将中国青铜矿料的始采期提前到商代中期，这也为直接回答商代青铜器矿料来源提供了明确的线索。之后，随着鄂东南、赣北、皖南和宁镇一带诸多铜矿采冶遗址的发现，一批先秦铜矿冶炼遗址点逐渐浮现在长江中下游铜矿带上。这也是中国现在最为富有的一条铜矿带，德兴、铜绿山、铜官山等现代特大型铜矿就云集在这一带，已探明储量占全国储量的三分之二以上。

这条铜矿带上，最富代表性的商代铜矿采冶遗址，要算湖北大冶的铜绿山古铜矿遗址与江西瑞昌铜岭铜矿遗址。从这两处遗址的出土物来看，当代看到的更多是堆积如山的炼渣，以及小型青铜兵器、实用铜器的铸造痕迹。也就是说，在商代，长江中下游铜矿带更多只是中原王朝的铜料来源地。北京大学考古文博学院教授陈建立说："这一现象涉及商王朝特殊的铜器铸造机制：大型礼器的制造工艺作为核心机密，一直牢牢掌握在中央手中，地方只能负责输送原料，或者通过贡品、掠夺、赏赐这三种方式获得少量大型青铜器。"

那么，从铜绿山和铜岭开采出来的矿料，之后被运送到了哪里？中原的青铜器，其原料来源真的就是长江中下游的这些商周矿区吗？

自从长江中下游铜矿带被发现以来，专家们的这类猜想从未间断过。他们认为，长江中下游地区出产的这些铜料，包括锡料，一定是在某种程度上和中原地区发生了联系的。但至于究竟发生了哪些联系，具体的流通路线是怎样的，一直是考古界待解决的疑惑。倘若能清楚商王朝时期青铜物料的运输线路，便可以推断出这一时期中央与地方的关系等许多深层历史问题。

陈建立介绍，在长江中下游铜矿带被陆续发现后，随着新的考古技术，如铅同位素比值示踪法、微量元素示踪研究法的应用，这一系列猜想终于有了被明确回答的可能性。其中，铅同位素比值示踪法最早被运用于矿料来源的科学研究，帮助考古工作取得了突破性进展。由于同一个矿区内的金属矿材，其铅同位素比值是维持在一个稳定范围内的，且其比值随时间存在着相当规律的变化。因此，铅同位素比值能够反映矿料的空间分布格局以及时间更迭节点，指示矿料的流通方式，并为准确溯源提供重要的线索和判别标准。

陈建立带领的北京大学科技考古团队曾对湖北叶家山曾国铜器原料来源进行示踪研究。数据比对结果显示,叶家山曾国铜器的铜料来源复杂,其中很大一部分与大冶铜绿山的铅同位素数据更为接近。这一方面说明了从大冶到叶家山确实存在着原料供应关系,另一方面也表明,当时的曾国与其他族群或方国有着直接或间接的青铜技术和文化联系。同时,铅同位素研究结果显示,叶家山的铜器既有王畿地区王室掌管的作坊铸造的,也有地方作坊生产的。

随着铅同位素比值示踪法这一科技考古手段的深入运用,铜料运输路线方面的问题也在被慢慢解开。学界一般认为,湖北黄陂盘龙城遗址是商文化在长江流域的重要军事据点,商王朝正是通过盘龙城实现对长江中下游铜矿带的控制,并将冶炼好的铜原料转运到中原的。

研究发现,盘龙城青铜器的铅同位素比值和郑州商城的铅同位素比值一致,证实盘龙城遗址出土的这批铜器确实并非当地生产,而是在郑州商城生产后运送过去的。这也从侧面说明了,盘龙城对商王朝经略长江流域铜矿带的重要性。

铜料是如何从长江流域铜矿带运往中原的?陈建立向我们谈到自己的猜想:"可能有三条路线:一条是从盘龙城直接向北,沿着溾水一路北上到河南信阳;另一条是从盘龙城沿着随州北上,经过随州、枣阳、襄阳等地组成的随枣走廊到了南阳;还有一条是从安徽巢湖向北沿着淮河向上,经铜陵,到中原。目前,在这几条线上都发现了不少的商代遗存,沿路可见一些小的商代铸铜作坊,比如在罗山、黄川、阜南地区就发现了商代早期的地方性的铸铜作坊,这些实物遗迹也在印证着这种路线上的猜想。"

不过，陈建立告诉我们，这些研究仍需要大数据库的支撑，其中，对矿山遗址的田野调查与发掘，尤为重要。

铜绿山古铜矿遗址：始采年代的争议与确定

1973年10月，在位于湖北大冶城区西南约3公里处的铜绿山地区，铜绿山矿革委会在生产过程中意外发现了13把铜斧。出于谨慎，革委会向中国历史博物馆（今中国国家博物馆）写信反映了这一情况，并寄去了铜斧一把。当时没有人能想到，就是这几把铜斧，使得沉寂了几千年的大冶铜绿山古铜矿遗址终见天日，也为打开困扰中国考古界几十年的有关中原青铜器铜料来源的疑团揭开了序幕。

次年春天，历时11年的第一阶段抢救性发掘工作开始了。湖北省考古研究院研究员、铜绿山第二轮考古队队长陈树祥回忆：由于之前的铜绿山现代矿企采用机械露天采矿，除考古抢救性发掘的铜绿山Ⅶ号矿体（俗称"大岩阴山"）1号采矿遗址原地建成博物馆对外展示外，其他古代采矿和冶炼遗迹多数在现代生产中遭到破坏。而且，尽管抢救性发掘出土了大批采冶遗迹和生产工具，但由于早期遗物发现极少，古代矿冶生产者的墓地和生活区不见踪迹，加之历代文献鲜有记载，故有"见物不见人"之憾。这些缺憾为之后很长一段时间研究铜绿山始采年代和判定采冶者身份等工作带来困难。

经过首轮发掘，在5个矿体上发现古代露天采场7个，10个矿体上发现古代地下开采区18个，开拓总量达100万立方米。在矿山脚下，又发现了古代冶炼遗址达50余处，炼铜排放的炉渣漫山遍野，分布在广达1.2平方千米的铜绿山四周。而铜绿山所处的位置，正是我国铜矿资源分布最为集中的长江中下游铜矿区，铜矿资源占据我国铜矿总储量的16.4%。上百万年来，这里的矿体在构造运动以及长时间的外应力地质作用下，矿床的覆盖层遭到不断剥蚀，最终使数个矿体的上部暴露于地表，并长期接受外力地质作用，硫化物强烈氧化，小块的氧化铜矿石（孔雀石）在矿区俯拾即是，这些特殊的地貌环境都为古人寻矿、探矿及采矿创造了条件。

根据当时的粗略估算，仅先秦时期，大冶铜绿山就生产出了8万—12万吨的红铜。可数量如此惊人的铜料，都是在什么时间段开采出来的？又推动和改变了中国古代怎样的文明历程？在2011年开始的第二轮发掘中，随着科技考古手段的应用，这些谜团才终于被一一揭开。

新一轮开采工作中，急需解决的，就是一直悬而未决的始采年代问题。陈树祥说，20世纪，学者们对铜绿山开采时间的看法不一，先后有东周、西周、商代晚期、商代二里岗时期等多个说法，而主流说法认为其开采时间要晚于瑞昌铜岭确立的始采年代：商代中期。不过，在新一轮考古工作中，通过对出土遗物的碳–14测年以及数轮校正，在20个样品数据中，有6个样品数据的上限年代和下限年代均落在商代，其中年代最早的为公元前1530年，为商代早期，最晚的为公元前1139年，为商代晚期。这一结果，将铜绿山矿冶遗址的最晚始采年代推至商代晚期。

陈树祥主持的新一轮考古发掘中，在铜绿山Ⅶ号矿体北坡一座矮丘上发现了四方塘遗址墓葬区，现已发掘出夏代至战国早期墓葬246座，其中，1座夏代墓和2座商代墓，表明在商代，铜绿山的开采已有一定规模。

接下来，便是铜绿山早期铜料输入何方的问题。尤其是，铜绿山遗址与中原商王朝控制的南部中心城邑盘龙城，是否存在直接的铜料供应关系？

通过铅同位素比值示踪法等科技手段，专家们对铜绿山出土铜矿料、铜器与异地出土青铜器进行检测分析，获得这些铜器、铜料的"DNA"基因数据，并将这些"基因"对比、串联起来，结合文献和考古发现研究成果，终于勾勒出商王朝时期铜料走向的大致轮廓——

通过对盘龙城出土的9件商代青铜器进行铅同位素对比，学者们发现，在这9件样品中，有两件与江西铜岭样品接近，另有两件与大冶铜绿山遗址的样品相近。这说明制造盘龙城青铜器的原料，一部分来自于铜绿山，且所占比例不小。再从铜生产工具和生活用具形态看，铜岭出土的铜锛、凿、陶鬲、斝、罐等，与盘龙城遗址出土的同类器物酷似。铜绿山出土的部分饰有十字纹的铜斧、锛、镢，也都能在盘龙城找到相似之物。这些考古证据说明，铜绿山早期铜料正是经过盘龙城，被源源不断地输入商王朝。甚至说明，当时位于长江中下游的铜绿山铜矿业可能已被纳入殷商王朝的管理范围。

与此同时，探矿、开采方式的问题也在不断地被专家们提出：因为铜绿山铜矿在地下呈带状聚集，需要通过地下开凿和探矿，确定矿脉走向，从而拓进采掘面。而且，采矿需要一系列的技术：探明矿源、开采、选矿、冶炼……在这一系列过程中，还要解决通风、排水、井下照明等问题。这对于商时期的人来说，似乎并不容易。但最终的考古发掘成果证明了古人的智慧。经过专家探测，最终确定，在主要采用露天开采和竖井开采的商时期，当时的开采者已经可以通过将井口开凿于高低不一的山岗来产生自然气压，从而解决井下通风问题了。还发明了竖井与平巷联合开拓法，即在竖井底部之间用较短的平巷连接互通，扩大底部开采面积。同时，为防止井巷崩塌或冒顶而威胁采矿者安全，矿工在地面预制了榫卯结构的木支护框架。在冶矿方面，商时期的工匠们已经采用了较为先进的鼓风竖炉技术。这一系列技术层面的发现，完善了考古学界对早期采矿流程的认识，也进一步推动了整个长江中下游地区铜冶金考古的工作。

瑞昌铜岭：商代如何采冶铜矿？

据江西省文物考古研究院研究员刘诗中的讲述，瑞昌古铜矿遗址早在1964年便由赣西北地质大队506队发现了。不过，这些勘探队员口中的"老窟"只停留在勘探队的记录资料中。古铜矿遗址真正进入人们的视野，还要等到1988年。

1988年春天，铜岭村民在铜岭合连山西坡修建公路时，再次发现大量坑木，并出有青铜锛、木铲和陶片。铜锛的出土引起了负责公路建设的铜岭钢铁厂副厂长周明节的注意。经过辗转联系，消息被汇报给了江西省文物考古研究所。根据初步判断，人们将这一遗址的年代定在春秋战国时期。已在江西从事商周考古20年的刘诗中被任命为正式发掘的领队。

刘诗中回忆，当他接到这一任务的时候，首先想到去距铜岭百公里外的大冶铜绿山学习，后者在铜矿遗址的发掘与保护方面，已积累了丰富的经验。正是在参观了铜绿山矿冶遗址和黄石市博物馆陈列的各种实物资料后，刘诗中他们才建立起铜矿遗址发掘的感性认识。经过发掘前的调查，他发现"铜岭是一处集采矿、冶炼于一地的矿冶遗址，采矿区分布面积约7万平方米，冶

位于瑞昌市夏畈镇铜岭村的瑞昌铜岭遗址。这座铜矿遗址1988年被发现,是国内最早被确认始采自商代(中期)的铜矿遗址(缓山 摄)

炼区分布范围约12万平方米,炼渣堆积厚1—2.5米,估计现存40万吨左右的炼渣"。

铜绿山遗址从1973年被发现以来,便经过了多次发掘,遗址面积要远远大于铜岭遗址,只是对于铜绿山的始采年代,专家们一直有争议,考古学家苏秉琦认为其年代在两周之间,湖北的专家则认为最早应为西周,此外还有春秋说,但当时均未涉商代。"这次如果我们没有新的突破,很可能就是一次重复发掘,没有太大意义。"刘诗中回忆说。30多年前,他们便把追寻商代的开采遗存作为突破的关键点。

最先得到的线索是摆放在九江市博物馆里的一块带有明显几何印纹陶垫片痕迹的陶片。多年的考古经验让刘诗中意识到,那块陶片正是江西带有土著色彩的万年类型文化的典型陶片。正式发掘中,在一条槽坑东段的竖井底部,技工发现了一件几乎完整的陶器。经过半个多小时的清理,刘诗中很快认出这是一件黑衣灰陶袋足分裆陶斝，是郑州商城二里岗时期的典型温酒器，他摸了一把陶斝裆部，"当年矿工用来温酒的烟炱印在手上，加上陶斝底部仍留有数十根未燃尽的竹签，更说明开挖此井时已是冬季，矿工们为了御寒，曾在井下用陶斝温酒"。

遗址的年代有了突破，一下被推到二里岗时期。接下来的任务，是发现更多的商代文化内涵。就这样，铜岭遗址的考古发掘一直从 1988 年挖到 1991 年。遗址的性质渐渐明确，一幅商代人开采、冶炼铜矿的画卷也向今人打开。

进一步的碳 –14 测定数据，将铜岭矿山开采的最早年代标定为不晚于距今 3220±70 年，大致相当于二里岗上层二期，用刘诗中的话说，"瑞昌铜矿从商代中期，一直开采到战国早期，基本上吻合我们的青铜时代"。

从铜岭遗址的遗存来看，商代人已经掌握了一整套选矿、采矿、洗矿到初步冶炼的完整采冶技术。

商代人寻找铜矿的方法，首先看地上有没有指示性植物。刘诗中说，瑞昌铜矿的矿山上每年 10 月下旬，都能看到茂盛的开着红色花朵的铜绿草，这正是最典型的铜矿指示性植物。第二个方法就是根据地质剖面，寻找经雨水冲刷出来的矿石。第三，商代人还通过打竖井的方式找矿。刘诗中发现，在遗址区发现的 103 个井口中，有许多用以找矿的废井。此外，根据《山海经》《考工记》等书的记录，古人还根据铜物伴生的情况，建立起初步的找矿理论。

"漫山遍野的铜草花，从哪里下手？肯定是在最茂盛的重点区域，从这个地方开挖。商代的时候采取槽坑多一点，有点像北方地区那种斜坡一样的墓道。斜着打下去，到哪个地方发现矿石多，再打竖井下去。"刘诗中说。槽坑和竖井需要用木头做支护，

在铜岭村的田间地头，随手可以捡到先秦时期的炼铜铜渣，当地人称之为"铜屎"（缓山摄）

遗址最开始被发现的老窑，正是因为用来搭建支护的木头暴露在外面而被发现。刘诗中一边说，还用几支笔来比画不同时代的木头支护搭建方式："商代的木头，用碗口结构；西周的时候，开始用榫卯结构。"

刘诗中还在遗址附近村民那里采集到用来吊升矿石的木轱辘，说明那个时代的人已经懂得将简单的机械装置用于矿山开采。

考古队还在山上找到了烧炭区，古人在山上砍伐树木，就地烧制成木炭，再运输到冶炼区；冶炼区一般选在矿山附近，将矿石冶炼成铜锭，以方便运输到真正的铸造区进行进一步的冶炼与铸造，同样出于减少运量的考虑。

2013年，江西省文物考古研究院副研究员饶华松在铜岭遗

江西省文物考古研究所副研究员崔涛,曾参与瑞昌铜岭遗址2014—2017年度考古调查、发掘与资料整理工作(缓山摄)

址东南几十公里外的马回岭镇荞麦岭村,发现一处重要的商代早期聚落遗址。非常关键的是,这是一处商代早期的青铜冶炼地。"当天看到陶片之后,就在周边悬崖断面上发现了硫化铜的矿石,当时并没有很强烈的意识。直到有一天,挖到一块炼炉的炉壁块,这就和青铜冶炼太有关系了。后来还发现一块铜片,一些老师认为是冶炼之后的铜锭。但是我们这里没有发现范,不铸造铜器。里面发现很多趁手的矿石,有可能他们是一支到这里不断寻找、试验的找矿队伍。"饶华松说。

饶华松带我们仔细比对荞麦岭遗址出土的陶器器形,发现很多与盘龙城遗址的器物很像。铜岭遗址也出土了与盘龙城遗址相似的器物。某种程度上,这也为我们了解盘龙城遗址衰落之前,商王朝是如何通过这一据点,来控制开采附近的铜矿原料提供了线索。

江西省文物考古研究所副研究员崔涛曾参与瑞昌铜岭遗址2014—2017年度考古调查、发掘与资料整理工作。他带着我们参观遗址区时介绍道,原来这里的铜岭钢铁厂由于效益不好,在90年代就关掉了,3000多下岗职工连同家属,在2000年左右全部搬走了。走在雨后的红泥路上,偶尔还能看到旁边矿山上露出一小块绿色的矿石。出了保护区,崔涛带我们到村里随便一转,就能找到东周时期的炼渣,当地人叫它们"铜屎"。这一切都在提醒着我们,这里曾经是距今3000多年前,供给商王朝乃至赣江中游吴城文化的重要矿山。

(撰文:路雅、艾江涛。参考资料:孙家骅、詹开逊主编《手铲下的文明:江西重大考古发现》。感谢周广明、崔涛、饶华松对采访的帮助)

商之南土中心：盘龙城

1954年初夏，因抗洪取土，距今3500多年的盘龙城遗址显露出来。对它的发掘和研究，证明了早商在长江流域势力的扩张，改写了人们对商朝政治版图的既有认知。在地理区位上，盘龙城所在地武汉位于郑州正南，再往南是宁乡、新干，往西是三星堆，东北是台家寺。盘龙城正好在这些地方的交通中心，去哪里都方便，也就成为影响辐射到南方各处的中转地。

江城武汉的城市源头

初夏的武汉，暴雨如期而至。可2021年的暴雨来得猛了些，还伴着一场罕见的龙卷风。5月14日，17级的龙卷风席卷了这座城市，风暴中心在西南郊的蔡甸区，一夜之间8人遇难。隔天，当地的考古工作者发来消息，让我们做好心理准备，发掘现场可能什么都看不到，接着又发来几张照片——原本高高低低的探方和解剖沟被雨水填成了一个平面，漏出的土地泥泞不堪，重要的地方覆盖着塑料布罩，已经没法走到探方中心，有的探方甚至完全被水淹没，水面上没有一点痕迹。

几天后，我们按约到了武汉，前往盘龙城和郭元咀遗址。工地上仍有些积水，但已基本上能看出发掘探方的大致面貌。从盘龙城遗址公园的侧门进来，一路上经过遗址中的不同区位，慢慢走向核心地带。杨家湾北坡是这两年发掘的重点之一，暴雨来袭

盘龙城的宫殿遗址，现在进行了复原式修复展示（蔡小川 摄）

之前，工作人员就对正在挖掘的探方做了保护措施，防止更多积水。根据地层判断，这里很可能是盘龙城晚期的一个据点。沿着主路继续走，经过考古工作站的办公区之后，豁然开朗，一片空旷的土台上，城址的核心宫殿占据了最好的位置。宫殿临水而建，隔着盘龙湖，再往南便是府河。

水系发达与夏季多洪灾，是江汉平原考古特有的难题。盘龙城位于武汉北边的黄陂区，东南西三面环水，处在盘龙湖半岛上，一旦下雨涨水，盘龙城遗址就会面临被淹的危险。但其实，早在盘龙城文化所处的商代，盘龙湖的水位很低，不像现在，湖水与遗址地面相互交错，地形纵横复杂。在当时，水对城不会构成很大威胁。但若不是如今这样特殊的自然区位环境，盘龙城遗址的发现也许会更晚些，甚至可以说，正是因为洪水，它才得以被发现。

商之南土中心：盘龙城

1954年夏天，长江流域发生了特大洪水，武汉告急。为了加固邻近堤坝，抗洪人员在盘龙城一带取土。盘龙城在府河的北边，地势相较周边高一点，因此是取土的好位置。取土时挖出了碎陶片，有经验的人意识到这些陶片不简单。

　　1949年，原先"中央研究院"的不少考古学者去了台湾，考古人才急缺。北京大学和社科院考古所联合办了一系列培训班，培养全国各地的文化调查员，让他们掌握一些基础的考古常识，能在各地大建设过程中迅速派上用场。第一个赶到盘龙城遗址现场的人叫蓝蔚，参加过第二期考古培训班。1926年出生的蓝蔚是辽宁人，1949年跟随第四野战军，从东北来到武汉，从此扎下根来，一直在武汉做文物保护的工作。

　　得知盘龙城有陶片，蓝蔚很兴奋，查阅一些资料后，他觉得在这里可能会有更丰富的遗存。蓝蔚拉着同事游绍奇，俩人蹬着自行车，从武汉市区赶到盘龙城，骑了4个多小时。后来，这件小事成了发现盘龙城的一段佳话。每每说起盘龙城考古，都要从4小时的自行车车程说起。

　　盛夏的武汉，闷热潮湿，洪水尚未退尽，蓝蔚和游绍奇便开始在水边的芦苇荡中寻找着古代的痕迹。经过一段时间的踏勘和测绘后，他们觉得这里的陶片跟郑州二里岗遗址的陶片很像，又发现有磨光石器。他们将这些遗物取回研究，蓝蔚很快写出一篇文章发表在《文物参考资料》上，盘龙城开始走进人们的视野。

　　不过，在这次介绍中，"盘龙城"还不叫"盘龙城"，而是"盘土城"，因为在50年代的武汉市地图上就是这样标称的。在之后的考古研究中，学者们遍翻文献，在清代的《张氏宗谱》中找到有关当地最早的记录——张氏家族在宋元年间从江西迁往此

武汉大学历史学院考古系教授张昌平（蔡小川摄）

地，当时就叫"盘龙城"，而不是"盘土城"，其中还绘制了一幅详细的盘龙城村落地图。这说明在宋元时期，这里应该是以张氏家族为核心的村落，"盘龙城"这个名字由来已久。

初探之后，根据在考古训练班上的所学，蓝蔚将盘龙城推测至"新石器晚期或殷代"。不过，这个结论在3年后被推翻了。1957年，盘龙城首次出土青铜器，城外的杨家嘴出土了青铜爵、斝、刀等遗物，伴随着青铜器出土的，仍有大量陶器。考古人员依旧认为，陶器是新石器时代的，可青铜器呢？此前，长江流域还没有商代青铜器出土过，人们初步判断这可能是西周的。

真的是西周的吗？出土青铜器的样本越来越多，人们对盘龙城的认知也在一步步完善。盘龙城的认知过程，从一开始就有一个明确的坐标，即郑州二里岗文化。武汉大学历史学院考古系教授张昌平多年主持盘龙城考古发掘，在他看来，"考古学家对盘

商之南土中心：盘龙城　165

与其他几座商城遗址多在郊外不同，郑州商城坐落在郑州老城区，古老的商王城每日看着车来人往（蔡小川摄）

龙城的发现过程，基本是一个在认识上逐步靠近郑州二里岗文化的过程"。

杨家嘴的这批遗物很快被整理出来，写成考古简报发表。张昌平指出，幸亏考古简报的发稿编辑认识到出土青铜器与郑州青铜器相似，在简报的末尾，以编者按的形式说明这些青铜器年代应当早于殷墟时期："这批铜器有几件和郑州二里岗发现的殷代中期的类似，年代应较安阳小屯出土的殷代晚期的铜器为早。"也就是说，不是西周时期的。

1954年，盘龙城被发现之前不久，二里岗文化刚刚被正式命名，当时认为二里岗是介于二里头文化和殷墟晚商文化之间的青铜时代早期文化。隔年，郑州商城被发现，并且与商汤至仲丁迁隞之前商王所居之地"亳都"关联在了一起。这是20世纪50年代考古界的重大发现，不过在1983年偃师商城发现之前，学界的主流观点是二里岗文化属于中商文化时期，而非早商。

当考古界沉浸在二里岗考古成果的喜悦中时，盘龙城也被发现了。从此，盘龙城的发掘与断代，就与二里岗紧紧地捆绑在了一起，"盘龙城与郑州之间在文化上紧密的关系也逐步引起了考古学家们的重视"。在此之前，武汉的信史可追溯到东汉至三国时期，当对盘龙城有了基本定论后，武汉的源头向前推了1500年左右。

从吴城到盘龙城

经过五六十年代断断续续的考古发掘，到70年代，盘龙城的考古达到第一个高峰，有关盘龙城和长江流域青铜文明的基本认知逐渐形成并达成共识。这个过程中，考古学家李伯谦功不可没。

李伯谦老先生今年84岁，主要生活在家乡郑州。从20世纪60年代开始，他先后参加过二里头、殷墟、吴城、盘龙城等多地的考古发掘，积累了很多田野经验。对于他来说，"摸陶片是一种享受"，考古是一辈子的事。

1976年，李伯谦第一次来到盘龙城。在此之前的1973年，他已在江西吴城进行了一段时间的考古工作。去吴城发掘，是李伯谦第一次到南方进行田野考古，此前，他一直在北方和中原地区，"没到过南方，啥都不认识"。第一次到南方考古，李伯谦发现，南北方出土器物的差别很大，"比如说陶片，吴城挖出了很多几何形印纹陶，还有一些是带釉的，这在北方很少碰到。在北方考古做多了，只要地层关系搞清楚，根据器型的变化来判断分期，基本上是比较妥当的"。可到了南方，问题变得复杂很多。

在江西吴城，青铜器、陶器的纹饰、器形，墓葬坑的开坑方式、区位特点都不在李伯谦曾经的经验范畴里，得建立新的认知框架。这一次的考古发掘，让李伯谦意识到地域区位因素在考古中的重要性，并逐步建立起文化因素分析方法，这也成为未来中国考古中一个很重要的方法，当传统的地层学、类型学方法都不适用时，就要借助于此法。

三年后，1976年9月，在北京大学考古系当助教的李伯谦带着20来个学生，接替俞伟超的队伍，来到盘龙城进行接下来的发掘工作。俞伟超当时也在北大任教，经历了"文革"最初6年的动荡之后，1972年，北大考古系首次重启招生，1974年则是他们第一次实习，盘龙城为第一站。当李伯谦到盘龙城时，他已有了吴城的经验，更重要的是，俞伟超留下了一些有关城址发掘的成果，李伯谦的工作就顺了不少。

考古队住在附近居民家，条件艰苦倒不算什么，危险的是当时那一带血吸虫病很严重。"我们那个房东，早两代已经死光了，都是血吸虫病死的。我们去的时候，他家男主人也有很重的血吸虫病，所以那段时间住得提心吊胆。"如今谈起这段往事，李伯谦还有些后怕。这支考古队在盘龙城待了一个学期，他们单独挖了一口井，希望可以有干净的水源。

在对盘龙城的研究过程中，李伯谦发现，原先对以江西吴城为代表的南方文明的一些认知无法套在盘龙城上。他意识到，盘龙城是与吴城不同的"南方"。吴城文化的地域性很强，无论是青铜器还是陶器都自成一体，而盘龙城则不是。

如今，盘龙城出土的文物大多数收藏在盘龙城博物馆，就在遗址公园内，还有一小部分，被放置在湖北省博物馆，用来讲述早商湖北地域的历史。湖北省博物馆以曾侯乙墓出土的大量青铜器和漆器闻名，那是战国时期楚地文化艺术的巅峰。说是巅峰，在于这批青铜器繁缛复杂的技术工艺和充满巫术特征的艺术表现力。青铜尊盘上，密密麻麻的蟠螭纹交错而生，即便是今天，也很难通过相同的技术复原出同一件器物，还制作得如此精致。

这个追求精致近乎癫狂的年代，距离盘龙城所处的早商已近千年，无论是造型、纹饰还是技术都已经历了多次变化，但青铜盛行的传统一直在江汉平原盛行着。与后世曾国青铜器的繁复相比，盘龙城的青铜器质朴许多。往往一件鼎或簋，只有腹部有条带状的简单几何纹饰，更大面积都是留白，没有什么复杂的雕刻，也没有夸张的造型，是一种朴素、沉静又典雅的姿态。这种简约而内敛的美，很少出现在同时期长江流域的青铜文化中。

因此，考古工作者越来越意识到盘龙城在商朝版图中的特殊性，在地理区位上，离郑州更近，在文化形态上，也离郑州商王朝更近。这种密切关系，在 70 年代北大的两次发掘中基本确定。这个阶段，发掘的重点是城墙和城址。1976 年发表在《文物》上的简报中，考古工作者就明确阐述了盘龙城与郑州商城文化的一致性。他们认为从城墙的营造技术和宫殿的建筑手法来看，盘龙城与郑州商城几乎一致，城墙的墙体都是先筑主体，两侧设有护坡。如今站在郑州商城遗址城墙上，依然可以清晰地看到这种城墙的面貌。

"70 年代的两次发掘，对盘龙城的认知大大提高了一步。我们可以认定这是一个有城墙、宫殿、规则墓葬的政治中心，而且这个中心是在黄河流域之外的，当时在学术界也很轰动。此外，通过对出土青铜器、陶器的类型学研究，说明盘龙城是在商文化当中比较偏早的，现在看来可以说是商代早期偏晚阶段的一个历史遗存。"李伯谦说。

张昌平在回忆 70 年代的发掘时提到，那是特殊的历史时期，盘龙城考古发现一些早期国家现象，被迅速与阶级斗争关联起来。比如在盘龙城李家嘴，一个墓葬坑中发现了 3 具殉人，就成了说明统治阶级和被统治阶级分层、阶级斗争的材料，当时的描述是"殉葬奴隶就是奴隶阶级悲惨遭遇的写照"，"是奴隶主对奴隶实行专政的佐证"。这样的考古学描述只停留在特殊时期，也是关于盘龙城性质讨论中的一段插曲。

盘龙城与郑州商城

盘龙城的考古一直对标郑州商城。早在 1963 年，盘龙城遗址上的另一个地点楼子湾在出土了零散青铜器的同时，还发掘出 5 座墓葬，墓葬分布得很密集，挤在东西长不到 20 米的范围内，这是二里岗文化时期首次发现较为明确的墓地。在对比盘龙城与郑州商城的青铜器时，考古工作者发现它们非常相似。但盘龙城的出土数量多，多出自高等级墓葬；而郑州商城至今没有发现高等级墓葬，青铜器多出自窖藏坑，"有一些大圆鼎、大方鼎，也是贵族才能享用的，但它们都是窖藏起来的，而非墓葬"。相较之下，盘龙城的青铜器多而技艺精湛，是因为出自高等级墓葬，意味着这应该是盘龙城青铜器的最高水平。

那么，在郑州商城的商王朝早期，盘龙城又是一座什么样的城呢？它为什么与郑州商城如此相像？又与后来的长江流域其他地区有何关联？这几个问题是理解盘龙城的关键。

如今，盘龙城遗址被建设成了遗址公园，出土的大部分文物也收藏在公园内的遗址博物馆里。原先的城墙被包裹了起来，保护在新城墙的下面。为了展示得更清楚，宫殿区也在原有基础

盘龙城城址如今被改造成遗址公园（蔡小川摄）

上，做了新的复原。在考古工作站工作人员的介绍下才能看出，1、2号宫殿的位置和方向都偏向东北，大部分墓葬也是如此。张昌平在研究中解释道，商人重视东北方位，宫殿区的位置选择、宫殿建筑和墓葬方向都有偏东北的习惯，这或许是盘龙城与商王朝相似的表现之一。

此外，考古人员在盘龙城的墓葬群中发现了腰坑的存在。所谓腰坑，就是墓葬埋一个人，人的下面还要再挖一个小坑，在墓主人腰的位置，通常是埋葬一只狗或其他动物，这个习俗商人也有，而且在族群上表现出排他性。在墓葬中，除了可以体现礼制的完整青铜器，也有不少是将青铜器、陶器打碎埋入的，这是商人墓葬习俗中的碎器葬。

还有一点很有意思。通常谈到长江流域的青铜文明，尊和罍是两种重要的器形，因为多地都有出土，而且在一脉相承的基础上略有不同。在盘龙城出土的青铜器中，也有尊和罍，但不占多数，更多的则是觚、爵、斝的礼器组合，若等级更高，则是两套觚、爵、斝，这又与中原的习惯相吻合。

因此，"在商代早期，盘龙城应该是一个在政治上听命于中原商城的城市，直接受商王朝的控制，成为商王朝在南方的一个据点，控制长江流域。所以在早商的时候，对于中央王朝来说，盘龙城是南方最重要的一个城市。也正因为如此，盘龙城很多墓葬等级很高，说明它们的政治地位很高"。张昌平指出，曾经有观点认为盘龙城是商时期的一个方国，但现在持这种观点的学者越来越少，"因为假设它是方国的话，它就有相对独立的发展，但我们现在在盘龙城完全看不到这种迹象"。

盘龙城与中原王朝是同一个政治系统，"意味着盘龙城的每一任最高领导很可能都是郑州过来的，他们有着相同的社会价值认同，因此很多方面都高度一致，地域性比较弱。但湖南宁乡、江西新干就不是这样。他们的器物更有地域特征，他们也模仿中原的礼制和器物，会有相似性，但又有自己独特的偏好，比如新干很少有类似中原的觚、爵、斝，反而鼎更多"。张昌平补充道。

打开地图，这种关系就非常好理解了。盘龙城所在地武汉位于郑州的正南方，如今坐高铁两个多小时的车程，再往南是宁乡、新干，往西是三星堆，东北是台家寺。在地理区位上，盘龙城在这些地方的交通中心，去哪里都方便，也就成为影响辐射到南方各处的中转地。

商朝时期，周边地域与中原王朝的社会观念有所差异，但同时，它们又与中原有很近的文化关联。这种关联是什么样的？张昌平打了一个比方：好比20世纪80年代买了一块广东产的电子手表，这块表是广东生产的，但质量不太好，跟技术更发达的日本电子手表相比，差别不小，但本质上又是相同的。这就是先进文化从源起中心向外传播的结果。在商朝，青铜器的制作工艺、造型、纹饰、礼制的传播也是同理，也是早期中国文明的进程：地方文明在受到中原文明影响之后，不断融入其中，早期的中原文明也因而不断扩张，从黄河流域到长江流域，从长江中游到上游和下游，直至扩散到地域本土文化无法接纳中原文化为止。

多元一体，是上古中国最重要的文化形态特征。如何理解多元一体？"这个多元不是一个绝对不同的多元，而是有一个共同文化基础的多元，其背后是有强烈的文化价值认同作为支撑的。这种'多元'不断相互融合，最终形成了所谓的'一体'。"张昌平总结道。

邻水之道

在中原之外，目前发现最早的商城就是盘龙城，与它同时期还有其他重要商城遗址吗？从目前的版图来看，早商时期，长江流域没有一处商代遗址的规模可超过盘龙城，但像吴城文化，它从早商开始即有发端，持续的时间更长，面貌变化也更丰富。从盘龙城开始，沿着长江一直往南，西边是湘江，东边是赣江，沿路的商代遗址越靠近盘龙城年代越早，这个特点在江西表现得更明显。

根据目前的考古推测，盘龙城的持续时间大约300年，这之后，到了商朝中晚期，商王朝的版图逐渐缩小，盘龙城也随之没落。到了晚商，也就是殷商时期，长江流域的青铜文明在多地显露出来，或许是盘龙城的影响在持续发酵。在3000多年前的时候，每一次影响都是短程的，比如某一种生活习俗的传播，无法做到长距离的点对点传播，而是呈线性和网状的缓慢传播，逐渐

郭元咀考古发掘现场,这里发现了略晚于盘龙城的青铜器制作工坊(蔡小川摄)

形成一个相对复杂的关系网络,盘龙城就在这个过程中起到了重要作用。但这个渗透和传播的过程是缓慢的,长达千年的青铜时代都在完成这种渗透过程,直到铁器时代秦朝大一统的到来。

盘龙城没落之后,谁来接替盘龙城?这个问题没有定论,但2019年开始发掘的郭元咀遗址,似乎提供了一些答案。

郭元咀在盘龙城以北偏东约30公里的位置,依旧是邻水。一边贴着长江的支流滠水,另一边挨着一个大鱼塘,隔着水,都是新开发的商品房楼盘。郭元咀地处一座架在滠水上的铁桥之下,被夹在逼仄的角落,地势有些低洼,一旦下雨很难逃脱被水淹的命运。湖北省考古研究所副研究员胡刚是郭元咀考古的负责人,他很苦恼遗址的水患,目之所及能改善的办法就是申请填平旁边的鱼塘,但眼下迟迟没有进展。

胡刚介绍说，郭元咀之所以重要，是因为这是盘龙城附近发现的一处较大的青铜器生产作坊，大量铸铜遗物、陶范、坩埚都能说明这里曾经是一个集中的青铜生产基地。根据初步判断，郭元咀的时间晚于盘龙城，而且几乎能接应上，相当于洹北商城的时间，也就是中商。

然而，郭元咀可能并非只有一个作坊遗址。"郭元咀和阜南台家寺有相似之处，它可能是规模不太大的一座城，或者说是一个部落，它的等级应该是小于盘龙城的。"张昌平说。但郭元咀的意义在于，证明南方有独立生产青铜器的技术系统，也意味着有相对完整的青铜生产链条，这个链条背后包含的不只是技术、风格这些表面现象，还有一套更高阶的社会组织系统。

盘龙城与郭元咀都是临河而建的，临的是府河与滠水，且两河都是北去的流向，这样就刚好形成了一个交通通道。一个现象是，所谓长江流域青铜文明的这些遗址，其实都不挨着长江，距

盘龙城遗址现场，考古发掘仍在继续（蔡小川摄）

商之南土中心：盘龙城　　**175**

长江最近的是盘龙城，但也稍有距离，其他的虽邻水，却是邻小型支流而建，与大江大河都距离较远。

张昌平指出，这是早期城市形成过程中很有趣的一个现象。首先，从军事角度来说，顺水而上或顺水而下都是重要的交通通道，邻小河意味着活动范围较小，大的河域通常跨度太大，商王朝时期的城市尚不需要大河来进行交通活动。其次，在古人的观念里，大江大河是很神圣的地理环境，一旦遭遇河水涨泛，人力是无法对抗和控制的，只有借助巫术来祈祷，因此当时的人们可能并没有勇气，也没有能力真正居住在大江大河边，小型支流边反而是最佳栖居地，最终呈现出如今我们看到的商之南土面貌。

（撰文：薛芃）

长江流域最早的青铜铸造中心

虽然关于商人南侵的史实在文献中屡有记载,但在盘龙城遗址被发现之前,包括王国维在内的很多史学家都认为,商朝的势力范围仅限于黄河中下游地区。

1954年初夏,武汉遭遇了一场特大洪水。在防汛期间,取土固堤,市文物管理委员会却不断收到从一些取土场发现文物、墓葬的报告,随即要求报告地停止取土,原地保护,待汛期之后进行清理发掘。盘龙城位于武汉市北郊约5公里的黄陂区,由于地势高、土层厚,当时也是取土场之一。当市文管会的工作人员前去考察时,盘龙城的东、西、北三面城墙已全部被挖掉,仅留南墙。正是由于此次抗洪取土,距今3500多年的盘龙城遗址才露了出来。对盘龙城遗址的考古发掘和研究,证明了早商政权在长江流域的势力扩张,改写了人们对商朝政治版图的已有认知。

兴建

在二里头文化晚期,盘龙城已有聚落分布,并开始生产青铜器,形成了一个面积达20万平方米的青铜铸造中心。后来,成汤为扩大商朝势力,四处征伐,在南下时攻占了盘龙城。盘龙城地区的嬗递,应该是充满暴力的,遗址灰坑中的乱葬人骨和墓葬中戈、镞等兵器的发现,被推测与此有关。在上古时期,矿产资源是国家建城和人口迁移的重要因素。

盘龙城周围具有丰富的铜矿资源，埋藏较浅，而自身交通便利，成为商朝从南方地区掠夺铜矿的最佳中转地。

考古发现，在距盘龙城不远的湖北大冶铜绿山和阳新，以及江西的瑞昌铜岭和安徽铜岭等地，均有古铜矿开采与冶炼遗址，且大冶铜绿山与瑞昌铜岭的开采时间与盘龙城城址兴建时间大致相同。可以认为，盘龙城城址的兴建与这些铜矿的开采有密切关系。在盘龙城遗址上还发现了大量的陶水缸、坩埚等器具和熔渣、碎铜片，说明当地已出现铸造场所，在周围的铜矿获取铜料之后，商人可能会先在盘龙城进行加工，再北上运输至商都。

约在盘龙城城址兴建之时，山西的垣曲和东下冯，由于铜矿深埋地下，开采不便，逐渐被废弃。

盛期

考古发现，盘龙城城址的基本结构与郑州商城和偃师商城类似，主要由宫殿和手工业作坊区构成。宫殿有三处，分布在城内东北部的一片夯筑台基上，其中前两处为一组坐北朝南、前朝后寝、四阿重屋式的宫殿建筑，面积近2000平方米，第三处则与东西廊庑围成一个庭院。盘龙城宫殿所在的夯筑台基南北长100米，东西宽60米，面积约6000平方米，仅有郑州商城宫殿基址的十分之一。但在当时的长江地区，盘龙城宫殿的规格无出其右者。

这就引出一个问题，如果盘龙城仅为商朝在南方的一处铜矿中转站，宫殿怎会有如此规模？历史学家李学勤在20世纪50年代曾提出，根据甲骨文记录，商王到过湖北，观点发表后一度被广泛质疑。但在盘龙城被发现后，这种观点再也无法被人忽视。

盘龙城分为内城（宫城）和外城，在城址的东、西、北三面，分布着大量的手工业作坊，以李家嘴、杨家湾两处为多。盘龙城遗址至今已出土400余件青铜器，这些青铜器造型古朴，工艺精湛，有些青铜器的花纹与规制均为郑州所未见，应该是在当地铸造而成。遗址和墓葬还出土了上千件陶器，有集中制陶的陶窑。学者推测，盘龙城应该是商朝在南方的一处手工业中心，拥有一大批青铜铸工、制陶工，以及从事宫廷建筑的土、木、水泥工等。

另外，在盘龙城的内城垣外有一圈环壕，这种建筑规制未见于郑州商城和偃师商城，可能是由于盘龙城具有军事城堡性质。盘龙城位于长江北岸，扼南北交通之要冲，地势险峻，商王朝可能以此为据点，派军队镇守，以期控制广大长江流域。在盘龙城的楼子湾、李家嘴等地的中、小型墓地中，几乎都有武器随葬，武器的种类和数量远超中原商墓。

除了盘龙城之外，考古发现商王朝还在长江中游地区建立了多个据点，包括新州阳逻香炉山、黄州下窑洞嘴、随州庙台子等，不过这些据点均为等级次于盘龙城的一般聚落。在郑州二里岗文化上层时期，以盘龙城为中心，商在长江中游地区的影响势力达到巅峰，东至黄梅，东南至九江，西至荆南寺和铜鼓山。从这一时期出土的器物来看，商文化迅速侵蚀着盘龙城本地的土著文化，并在盘龙城晚期占据了当地文化的主导地位。

废弃

盘龙城为什么会在二里岗文化上层二期偏晚的时候即被废弃？目前还没有足够的田野考古材料来说明。根据盘龙城的自然地理位置，它因受自然灾害而被废弃的可能性较小，人为毁弃的可能性较大。据《史记·殷本纪》记载："自中丁以来，废适而更立诸弟子，弟子或争相代立，比九世乱，于是诸侯莫朝。"中商时期，王位更迭引发了政治动乱，王室式微，对地方的控制也随之减弱。随着河亶甲居相、祖乙迁邢和盘庚迁殷，商朝的重心由黄河以南转移到黄河以北，对长江中游地区的控制愈发减弱，甚至难以维持。考古界有两种推测：也许在这种背景下，商王室出于战略考虑，主动废弃了盘龙城；也许盘龙城当地的土著"荆蛮"力量趁机发动叛乱，脱离了中央的控制。繁荣了近200年的盘龙城就此衰落，约在同时，盘龙城周围的荆南寺、铜鼓山等铜矿产地也遭到废弃。而此后，三星堆、吴城等地兴起，创建了各具自身特色的青铜文化。

（文字整理：岳颖。参考资料：湖北省文物考古研究所编著《盘龙城：一九六三年——一九九四年考古发掘报告》，徐少华《从盘龙城遗址看商文化在长江中游地区的发展》，陈朝云《盘龙城与早商政权在长江流域的势力扩张》）

盘龙城遗址重要出土器物

金片绿松石镶嵌兽面形器

2013年出土于杨家湾17号墓，现收藏于盘龙城遗址博物馆。兽面由不规则的绿松石片组成，在墓坑内呈南北两组分布，其南面残存的兽面长约13厘米，最宽处约5.3厘米，北面残存的兽面长约10厘米，宽约5厘米。中间有较小的方形或梯形绿松石片，横向卷曲排列，可能是兽面的角或躯干。兽面的眉、目、牙由金片装饰，视觉效果十分突出。另有菱形的金片和绿松石片排列，应为兽面鼻梁部分。整个装饰推测为一件对称展开的兽面，可能原来附着在有机质器物上，腐朽之后，使得兽面纹散落成两组。该器物出土时，在绿松石片上下曾发现黑灰色物质，应是所镶嵌器物的痕迹。

金片绿松石镶嵌兽面形器

簋

簋是用于盛放煮熟饭食的器皿，也用作礼器，流行于商朝至东周。这件青铜簋出土于盘龙城李家嘴2号墓，属于盘龙城四期遗物。器物通体高23.8厘米，口径23.6厘米，重5.15千克，铜锈呈深绿色，敛口、折沿，沿面作阶状，弧腹，底近平，圈足。上腹部一周是精美的饕餮纹，分为三组兽面分布，造型简约素美，是典型的早商风格。到了周王朝，周人建立起了与殷商文化不同的、以炊食器为中心的器用制度，尤其是以鼎和簋为核心的列器制度。

簋

锥足鼎

出土于杨家湾11号墓，现藏于湖北省博物馆。口径55厘米，通高85厘米，是盘龙城遗址出土最大的青铜器，发现时也是当时最大的商代早期圆鼎。鼎颈部的兽面纹由细线云纹构成，带宽约9厘米。盘龙城遗址曾出土超过350件青铜器，超过郑州商城遗址和偃师商城遗址，其中包括近200件青铜器，多为墓葬出土。在所有的青铜器中，爵、觚、斝所代表的酒器占到绝对比例，达到将近140件。

锥足鼎

盘龙城遗址重要出土器物　　**181**

提梁卣

出土于李家嘴 1 号墓，是目前出土最早的青铜卣，通高 31 厘米，口径 7.2 厘米，圈足 12.5 厘米。颈部修长，口上有盖，宽唇直颈，折肩，肩部有绳索状提梁，圆鼓腹，圈足。盖上饰有夔纹和圆圈纹，颈部三周饰弦纹，肩部饰有一周夔纹，腹部饰一周宽带饕餮纹，整体纹饰简洁清晰且富有张力，造型稳重大气，体现了商代早期朴素优美的青铜装饰风格。值得注意的是，提梁不仅造型优美，其盖与提梁之间有环相连，肩部也有环纽与提梁相连，这种勾环之间的相互套接体现了当时青铜技艺之高超。

提梁卣

曲内戈

曲内戈

盘龙城楼子湾位于盘龙城城址西约 250 米的一处岗丘，1963 年至 1980 年，为配合当地农田基建，考古工作者对该地进行了抢救性的考古发掘。

楼子湾遗址出土了戈、矛、刀、镞等多种兵器，其中有 3 件戈，2 件是曲内戈。所谓"曲内戈"，是指柄呈弯曲状的戈，与之相对的是"直内戈"。商周时期的戈通常由援和内两部分组成，援即平出的刃，内即柄，通常上面还会安装一块木柄，连接在援的后尾，成为一体。到了商代晚期，曲内戈逐渐被淘汰，直内戈的应用则更广泛也更长久。这件曲内戈通长 29.2 厘米，其中援长 20.5 厘米，曲内满饰由细线云纹构成的夔纹。

马面饰

这件特殊的面饰青铜器物，并非通过发掘出土取得，而是在数十年的盘龙城考古过程中，根据当地群众提供的线索或考古勘察时收集而得，属于采集遗物，具体归属地点不明。但根据考古工作者的分析，该器物所处的时期是盘龙城七期，也就是盘龙城的最后一个时期。

马面饰略有残损，但总体来说保存良好。面饰宽19.2厘米，呈弧状，中部凸起，发掘报告中称"目作鹰嘴状，眼珠鼓起，竖眉"。由于盘龙城目前仅有此一件面饰出土，所以有关它的功能和用法，很难有明确的定论，但这个造型却是盘龙城出土青铜器物中的独特存在，引人注目。

马面饰

钺

钺

在20世纪70年代的盘龙城考古过程中，工作人员在李家嘴先后发掘清理了4座墓葬，出土大量青铜礼器和兵器。这件青铜钺属于盘龙城四期遗物，同在李家嘴发现的四期遗物中，有两件青铜钺，形状相似，但大小不一。这件钺较大，通高41.4厘米，刃宽26.7厘米，孔径11厘米，重3.85千克，体呈梯状，长方直内，平肩，两侧外张，弧刃，器身中部有一大圆孔，肩两侧有对称长方形穿，肩下及两侧各饰夔纹。钺是一种古代兵器，虽然具备杀伤力，但由于钺的形体较大，使用不便，在战场上远不如刀、戈、矛这类兵器趁手，所以逐渐退出战场，成为一种礼兵器，通常为仪卫所用，象征至上的权力。

（文字整理：薛芃。参考资料：湖北省文物考古研究所编著《盘龙城：一九六三年——一九九四年考古发掘报告》，武汉大学历史学院、盘龙城遗址博物馆著《武汉市盘龙城遗址杨家湾商代墓葬发掘简报》。图片来源：武汉大学历史学院及《盘龙城》）

可能存在的十字路口：汉中

由于特殊的地理和文化背景，汉中城洋铜器群是整个东亚大陆最具多样性的青铜文化之一。考古学者在此地出土的青铜器中看到了商代中心地区、关中、四川成都平原、长江中游等地的影子，每一器物群又各自反映出背后之所以能取得这些器物的各种广达的交换体系，以此共同构成当地的器物类型，方才使得城洋在考古发现上显得如此令人注目。

汉水谷地，蜀的起源？

秦岭是中国南北方自然区域的分界。从西安坐高铁去汉中，会经过那条漫长、无尽的秦岭隧道，只要穿过秦岭一出隧道，你就会发现自己仿佛已经从北方到了南方，眼前不再是黄土高原单调乏味的蓝天，几片云挂在天边，路边的麦田变成了稻田，植被变得丰茂，空气变得湿润，长江第一大支流汉江流过这里，形成蜿蜒的河谷。这里川菜馆子不少，镇巴县的人操着四川口音，甚至连陕西人最赖以生存的面条，在这里也被当地人变成了汉中热米皮，用米磨成粉代替面粉。

由于地处秦岭南侧，在地理和气候上更接近四川，汉中在先秦时就属于巴蜀之地，此后历代在汉中的政区设置，都和四川盆地紧密结合，直到元朝，为了打破"因山川形便"而划分疆界的传统，汉中才开始隶属于秦岭以北的陕西行省。因此尽管汉中如今属于陕西，但其文化却和四川盆地更接近。

不过在史前时期，这里与秦岭以北的陕西关中地区往往也有密切联系。仰韶时期，汉中曾与关中乃至整个中原属于同一个新石器文化系统，但到了龙山时代及其以后，这里的考古学文化面貌不像先前那样清楚了。汉中城固县和洋县出土了大量商代青铜器，仅20世纪50年代至今出土铜器就多达700多件，但这些铜器均为当地农民种田、挖土时发现，并没有科学发掘，且绝大部分为窖藏，未发现墓地或仪式堆积，因此汉中青铜时代并未建立起考古学文化序列。

北京大学考古学家李伯谦是最早对汉中青铜器进行专门研究的学者。1983年，他根据当时见到的有关资料，撰写了《城固铜器群与早期蜀文化》，认为除了来自中原地区商文化青铜礼器之外，此地出土的大量青铜兵器、工具，与成都平原新繁水观音、彭县竹瓦街出土的早蜀文化铜器很像，因此判断这批青铜文化总体不属于商文化系统，而可能是较已知成都平原早蜀铜器年代更早的早期蜀文化铜器，并进一步发挥联想，提出蜀最早的活动中心可能不在四川而在汉中，至西周时期才迁移到成都平原的假说。

但紧接着四川广汉三星堆遗址开始了进一步发掘，并在1986年发现了两座埋藏有大量青铜器的器物坑，否定了李伯谦以前的推断，原来成都平原从新石器时代直到东周时期有着一脉相承的文化发展谱系，蜀文化的核心遗址没有离开过四川。

那汉中出土的大批商代青铜器到底属于哪个族群和文化呢？学者们陆续写文章进行推测，但似乎研究却无法再突破了。"其实当时大家最能想到的一个思路，就是把遗址找到，这样就能将汉中青铜器研究更深入下去"，西北大学文化遗产学院教授赵丛苍回忆，当时北京大学、社会科学研究院、陕西省考古所文物管理委员会都曾派人去汉中尝试过发掘，但都没有找到遗址。

1990年，赵丛苍从西北大学历史系考古学专业研究生毕业，他的论文题目就选的是汉中城固－洋县青铜器群，对他来说，只要能找到遗址，就一定是重大突破。

陕西关中地区古文明和遗址众多，历来考古力量雄厚，赵丛苍是关中宝鸡人，他带着几位关中考古学者第一次去了汉中。到了城固、洋县他们就傻眼了，自己在关中积累的考古学田野经验，在秦岭以南的汉中并不适用。

北方农村都是土厕，为了垫厕所农民会从附近山包取土，这样就挖出了很多断崖，考古学者可以通过这些断崖中裸露的地层来判断是否有遗址。但在汉中，农民用的都是水厕，到处都是稻田，地被修得整整平平。此外在北方黄土地区，探铲打下去很容易，而汉中的胶泥性土质，打下去难，提起来就更难了。更别说赶上大雨，一下起来几天都干不了活儿。

他们连续挖了很多天，没有任何发现，眼看着还有两个月就要毕业了，赵丛苍只能硬着头皮继续挖。

1990年3月19日，那天天气不好，中午又饿又累，他躺在城固县胥水村稻田边休息，侧头一看，旁边湑水河对岸有个山包包，他问当地配合他工作的人这山叫什么，对方告诉他，叫宝山。宝山有宝？他眼前一亮，3月河水还很凉，他挽着裤腿，蹚过了湑水河。

宝山的宝

如今没有下雨的时候，湑水河基本上是干涸的，只剩下宽阔

没有下雨的时候,湑水河基本上是干涸的,但能看到不远处湑水河汇入汉江(张雷摄)

的河床。城固县和洋县大体以湑水河为界,站在湑水大桥上,能看到不远处湑水河汇入汉江。湑水河是汉江的第一大支流,汉江宽阔而平静,从这里向东向南,便会缓慢地流入长江。

宝山显而易见。它大约十层楼高,是秦岭南麓南延至湑水河河床时自然形成的一个小山包。站在宝山山顶,视野极其开阔,能瞭望汉江谷地。山上阡陌交通,遗址早就回填,如今这里已经被改造成了田地,田埂整整齐齐,农民翻完土后,会把土里有碍种地的瓦片捡到田埂上。

在陕西干考古这行,早就养成了低头走路的职业习惯。赵丛苍和两名当地博物馆的工作人员在我前面走,不一会儿就从田埂上的瓦片里捡起来两块仰韶时期的陶片,它们是仰韶时期典型的红陶,是某种盆、罐的口沿。不一会儿他们又捡到一块商时期的陶片,"红胎黑皮"的口沿,是当地商时期陶器的典型特点。

如今的宝山遗址已经回填，被改造成田地（张雷摄）

赵丛苍解释说，此处遗址有不同时代的堆积，从仰韶、龙山时期，到商，再到汉之后以及清代，这里都曾有人居住，也都能在这里找到相应的陶片或瓷片。他给我打了个比方："就像当你太熟悉一个人的时候，你可以从一堆人里一眼就认出他。"从1990年开始，他先后6次在宝山上进行发掘，出土了大量商时期陶片，此后的30年里，他一直在和这些陶片打交道。

在1990年他第一次蹚过冰冷的渭水河来到宝山的时候，他也一眼就注意到了这些陶片。当时村里有家要盖房子，村支书带着人在宝山山脚下挖土，赵丛苍发现土里有滚落的零星陶片，挑挑拣拣，果然发现了商时期的陶片，他问村民哪里还有，村民说宝山山上还有很多这样的"陶瓦瓦"。

上了宝山山顶，他马上就看到了灰坑，开始做探方，很快一

西北大学文化遗产学院教授赵丛苍在当年自己发掘宝山遗址的地方捡陶片（张雷摄）

堆一堆的陶片就出土了。之后的十几天，他和两名西北大学的同学挖出大量商陶片，用帆布包把它们背到山下。那时已经是4月了，还有一个月毕业，于是赵丛苍匆匆忙忙地开始洗陶片、画图、写毕业论文。

1990年，赵丛苍顺利毕业，开始留校做老师，之后的几年里，他带着学生去全国各地考古发掘，还编了两套教材，不过在做这些事情的同时，他一直在整理、拼接宝山出土的这批陶片。"考古就是这样，如果你想把一件事情做得告一个段落，往往需要很长的时间，尤其是在一些文化面貌不清楚的时候，就需要更长的时间。"考古学家张忠培、李伯谦等人，都专门来看过他整理、拼接的这批陶片。

不过随着不断地整理，以及他在全国各地带学生考古发掘，越来越丰富的经验使他意识到，宝山出土的陶片虽多，但依然没有挖到诸如墓葬之类的理想遗存，这样的发掘依然不可靠，陶片有可能是二次堆积的结果，即后人将伴有陶片的土挖出来再倾倒在此地。

于是1997年，赵丛苍再次启动宝山发掘工作。他很快就印证了自己之前的猜测，在出土商陶片的地方，又挖出了龙山、仰韶时期的陶片，甚至其中还混有晚清的瓷片。明显的二次堆积的迹象，说明地层并不可靠，这让赵丛苍越挖越没有信心。他后来回顾说，这实际依然是作为北方人的他对汉中地理特点不了解导致的，这里土壤黏性大，遭遇地震或者暴雨冲刷后，地表上的东西可能会通过裂缝等方式进入浅层土壤中，混淆地层。

再回到当时，就在他绝望地几乎马上要停止发掘的时候，终于在离地表一米多深处挖到了一座墓葬，通过墓葬打破的地层确认年代，此地成为汉中城固、洋县地区第一处通过科学考古并完成考古报告的商遗址。

由于当地潮湿，人们习惯在这些高于周围地表的土台地上建房，青铜器往往出自这里（张雷摄）

就这样，此后数年，赵丛苍又4次前往宝山发掘，一直持续到2004年，他对汉中胶质土地的脾气越来越熟悉，学会了避开雨季，选择在春节前后去发掘，那时土地最干，最能加快进度。

最终发现的宝山遗址面积达5万平方米，包括房基、铺石遗迹、陶器坑、动物坑、墓葬，以及众多的"烧烤坑"，即烧烤食物时使用过的土坑遗迹。尽管此地发现的最大的建筑台基超过100平方米，出土了数量巨大的陶器，但发现的墓葬却是8座没什么随葬品的小型墓葬，出土的青铜器也极少。那么，宝山遗址与早年城固、洋县出土的大量商青铜器，是否是同一群人在使用呢？如果是同一群人在使用，那宝山遗址是否是这一文化的中心聚落呢？为什么作为礼器的商青铜器，没有出现在墓葬之中作为陪葬品？

疑问一层叠一层，可能的应对答案也是层层叠叠的：宝山遗址之所以没有发现青铜礼器或兵器，是因为此地为社会成员日常生活之地，并非使用礼器的祭祀、仪式之地。如果宝山遗址所属族群为城固、洋县青铜器群的拥有者，则那些商式青铜礼器很可能是这一族群中社会上层所拥有。在商代，商文化中心区域周边的少数族群，在与商文化接触后，其社会上层可能会以体会这种先进文化为时尚，因此逐渐接纳商式青铜礼器乃至商文化。但是，从城固、洋县铜器群的埋藏情况来看，拥有这些器物的族群社会上层成员并未全部接受商文化背后的青铜礼器随葬制度，很可能因此商式青铜礼器并未出土于宝山遗址墓葬。

此外，在宝山遗址烧烤坑中，还发现了一些青铜器残片，与城固、洋县铜器群曾大量出土的"镰形器"极其相似。而通过考古类型学比对，宝山出土的陶器不仅与四川盆地的三星堆和十二桥文化共有普遍的相似器形，与长江峡区宜昌路家河文化的制陶传统也密切相关。

这些蛛丝马迹和引发的猜想，都在召唤着赵丛苍：如果想要印证宝山遗址与城固、洋县铜器群出自同一个族群，就需要对早年在城洋出土的 700 多件青铜器进行全面调查。而这是一项比发掘宝山遗址更难的工作。

县文物库房里的青铜器

除了陕西历史博物馆里的少数藏品外，实际上长久以来全国考古学者都看不到城固、洋县出土的这一大批青铜器，它们都被放在了城固、洋县的文物库房中，唯一一次数量可观的展览是在 1990 年，上海博物馆特展中借展了其中的 45 件。此外由于这些青铜器绝大部分都是当地农民挖出来后上交给当地文博机构的，所以学术界也没有对这些青铜器相对专业的记录或考古报告。于是，赵丛苍的第一个着手点便是两地文物库房。他找到两县文物库房负责人，陪着他把库房里所有的青铜器文物都看了一遍，他拍照、画线图。随后又让当地文博系统的人，带着他把当年出土青铜器的村落也走了一遍，他采访、记录。

至今洋县文物博物馆（简称文博馆）还保留着 80 年代的影子，隐藏在闹市区的老院子里，旁边是图书馆和文化馆——1984 年之前是三馆合一的，后来分别独立，但实际上还是共用一个院子。进入文博馆，要先经过文化馆，门口贴的都是钢琴课和美术辅导课的广告。

说是文博馆，其实就是一栋四层小楼，如今在这里，1984 年建立起来的老库房还在使用，只不过老旧的铁门和大锁之外，还增加了感应卡和电子锁这两道新关卡，有种时空穿越般的违和感。

❥ 铜牛觥是洋县博物馆的重要馆藏（张雷摄）

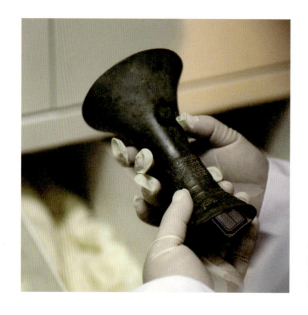

城固县博物馆现在拥有陕西省最先进的文物库房（张雷摄）

翟群涛于1993年从西北大学文博学院毕业后就进入洋县文博馆做研究员了，他刚到文博馆的时候，这里藏的200多件商代青铜器全放在库房的地上，连个柜子都没有。直到1996年汉中市长过来调研，看到满地的青铜器，才拨了款，让文博馆购置了一批柜架，如今这间老库房里已经换上了更先进的密集柜，而在明年，它们将被搬到新建成的洋县博物馆。

当年老文物库房连账本都没有，大部分青铜器没有编号，也没有发现时间和发现地描述。翟群涛从2005年开始重新全面整理库房文物，有些还能从器物里发现当年放进去的小纸条，上面写着哪个村的谁什么时候交上来的，但另外一些则什么信息都没有，他去问馆里的老同志，也不记得了，没办法，他只能在账本里写上"1984年进馆"——因为洋县文博馆是1984年成立的。

旁边的城固县，更靠近汉中市和汉中机场，还沾了此地4A级旅游景区张骞墓的光，县城规模比洋县大很多，还有高铁站。

苟保平在任城固县博物馆馆长期间从村民那里收回不少青铜器（张雷摄）

在 2019 年崭新的城固县博物馆紧挨着张骞纪念馆建成之前，城固县文物库房与洋县的情况差不多，但新博物馆建成后，他们拥有了全省最好的文物库房，比陕西历史博物馆的都好。1000 多平方米的空间，不仅为现存的 400 多件商代青铜器配备了全自动的恒温恒湿系统，文物柜从开合方式到尺寸，都是他们向省文物局专门定制的，每层柜子下面铺上防虫的樟木。现在他们正在做新的文物芯片，贴在每件文物上，出入库房会自动感应扫描，自动记录。

不过无论城固还是洋县，今后他们文物库房所藏商代青铜器很可能都不太会大量增加了。苟保平 1987 年调入城固县文化馆负责管理文物库房，后来成了城固县博物馆馆长，他还记得 90 年代之前因为农村还处于集体劳动的状态，农民在种田时如果发现青铜器，都会交给博物馆，但在 90 年代之后，随着人们对考古和青铜器逐渐有了概念，主动上交的东西越来越少了。近 20 年来，几次为数不多的青铜器发现，都是因修路或者修高铁带来的。

苟保平的工作之一，便是在每个乡建设文化站，不仅用来向村民进行法制宣传，也间接成为他的"眼线"，打探哪里挖出了青铜器。如果听到风声，他便会前往，花钱从农民手里"买"下青铜器——当然文物是不能买卖的，这笔钱只是用来奖励。

就在前几年，苟保平听到风声，一位农民挖出了一件瓶，他去找当事人谈了 4 次，希望奖励 5000 块钱请对方上交，但对方就是不承认，最后当地派出所介入，对方才交上去了。这件瓶就入了当地派出所的证物室，并没有进入县文物库房。类似的情况在洋县也存在，如今当地派出所证物室里还有几十件涉案收缴的青铜器。

城固县与洋县博物馆之间有一条不成文的规矩：在谁的县界内发现就算谁的。按理说极其公平，城固县在湑水河的西岸，洋县在湑水河的东岸，可偏偏两县并非完全依湑水河为界，河东岸有一小部分自古就归城固县，而正是这一小部分，早年出土了大量商代青铜器，其中最著名的就是苏村小冢，因此引发过两县博物馆一场不小的纷争。

苏村小冢

实际上苏村离赵丛苍发掘遗址的宝山也就几百米的距离。苏村行政村下面有几个自然村，都是以冢命名的，小冢、塔冢、方冢、安冢等，都只相距几百米。说是冢，如今看来其实并非埋葬人的墓冢，而是一处高于周围地表的土台地，由于当地潮湿，人

↑ 赵丛苍当年发掘的宝山文化陶器如今就静静地放在城固县博物馆里（张雷摄）

→ 城固县博物馆现藏400多件商代青铜器（张雷摄）

们习惯在这些台地上建房，组成小村落，周围围绕的都是稻田。

但再早几十年，这些土冢确实都是像墓冢一样的大山包，只不过由于改田改土，山包被农民夷平。《城固县志》记载，湑水河东岸的苏村一带历史上有7个土冢，古称"七女冢"，历史上都曾出土大量铜器，其他发现于河岸或者河床沙土中的铜器，也可以理解为洪水冲毁附近土冢后的结果。《水经注》写："湑水又东经七女冢，冢夹水，罗布如星，高十余丈，周回数亩。元嘉六年，大水破坟，坟崩，出铜不可称计。得一砖，刻云：'项氏伯无子，七女造墩。'"

如今唯一留有山包痕迹的是野狐冢。周围都是平坦的稻田，野狐冢几十米高，在其中很显眼。1990年赵丛苍第一次来宝山村的时候，它还像传统墓冢一样呈圆弧形，在经历了周边农民不断取土改田之后，如今它已经被削成了长方形，面积也小了很多。走近野狐冢，能够从农民削土产生的断层处明显地看到是人工堆积的活土，里面不仅有沙质，还有植物的腐质。这些高台上的土冢在商时期是祭坛，还是人们生活的地方，现在不得而知。赵丛苍曾从野狐冢顶部向下打过二三十米的探口，又在旁边挖过两米深的探沟，都无功而返。

但距离野狐冢只有几百米的小冢，却曾3次出土过青铜器，1976年的出土数量，是至今城洋铜器群中最多的一次。

当地人有用地窖储存姜、红薯的习惯，当年一位农民正是在清理姜窖的时候被青铜器划破了手，才发现了它们，一共几百件。当晚这个农民拉着一批青铜器先去找了城固县文化馆，但文化馆已经下班了，看门师傅让他明天再来，于是他把青铜器暂存在离文化馆很近的妹妹家。妹夫在洋县教书，一听有这么多青铜器，就说服他，第二天一早把这批青铜器交到了洋县文化馆。第

城固县苏村周围以前有七座土冢,如今只留下野狐冢(张雷摄)

二天城固县文化馆听说了,于是叫来民兵前往农民家继续发掘,又出土了一批,这第二批就归了城固县文化馆。

因此苏村小冢在1976年总共出土了400多件青铜器,包括方罍、铜面具、顶泡、戈等,如今由两个县博物馆分别收藏,洋县藏有100多件,城固藏有200多件,并没有机会放在一起共同展示。

其中两件方罍做工极其精美,当年发现的农民给两县各送了一件,但却配错了盖子。两县文博人员发现后,去找汉中市文管会主持公道,在后者的安排下,才将盖子换了回来。

两地馆藏之争已经烟消云散,现在两县的博物馆负责人都是西北大学文博学院的毕业生,也都是赵丛苍的学生,老师来汉中考察青铜器出土点,两人会恭恭敬敬地陪着。

两件方罍,其中洋县博物馆所藏的那件刻有铭文。在洋县博

物馆文物库房里，我看到了这件方罍，方形云雷纹温柔又美妙，被认为是安阳时期青铜铸造工艺最好的代表，在其肩部耳下铸有"亚伐"两字铭文，也被考古学者认为足以证明这一器物为商首都制造，是首都世系之名。

而当年与这两件作为酒器的典型商式青铜礼器共同出土的，是大量铜人面具和牛面形铺首，它们往往被认为在作战或仪式舞蹈时佩戴使用，还有大量顶泡，它们极有可能是盾牌的装饰，即易，也有可能缝于战服之上。无论面具还是顶泡，都并非最典型的商式铜器，有着明显的当地特征，但却与方罍同埋于一处，引发了人们的很多猜测，这是后话。

而随着赵丛苍对城固、洋县两地出土青铜器的不断整理，他基本确认了这批青铜器的年代是从二里岗上层期晚段到商周之际，与汉中宝山遗址文化遗存的年代大致相合；他又将城洋青铜器和宝山出土陶器进行了类型学比对，宝山遗址正好处于城洋铜器群地理区域的中心，种种时空关系的相符，使人们认为宝山遗存与城洋铜器群属于同一文化共同体，赵丛苍因此提出"宝山文化"，宝山遗址即为这一族群的中心聚落，而周围的城洋铜器群则可能与祭祀有关。那，他们到底是谁呢？

他们从哪儿来？到哪儿去？

其实关于宝山文化的族属问题，从20世纪80年代以来，除了最早李伯谦提出的蜀人说以外，先后还有人提出过殷代羌人、巴、巴蜀以及商代西南夷一支等多种说法。2006年，赵丛苍出版了他调查整理的城洋地区青铜器发掘历史和叙述——《城洋青铜器》。时任陕西省考古研究院副院长的曹玮也经过两年的调查，

◐ 洋县博物馆所藏商式方罍在一定程度上代表当时中国青铜器发展的高水平（张雷摄）

在 2006 年出版城洋铜器三集图录《汉中出土商代青铜器》。两本书都提供了印刷良好的青铜器图像，以及相关发现背景信息。正是这两套对城洋铜器群全面整理的书，将汉中城洋青铜器研究推进到了一个新阶段，一些过去尚存分歧的问题得到了解决，但也提出了一些新问题。

在族属问题上，赵丛苍和曹玮都支持巴人说。赵丛苍是从他擅长的陶器分析开始的，他认为与属于社会上层成员使用的礼器青铜器不同，作为炊具的陶器属于人们的日常用具，更能体现实际生活。

在宝山文化和湖北宜昌路家河文化出土陶器中，釜的比例都很高，长江中游是釜的起源地，通常是用来煮鱼的，因此需要靠近水源，而北方大部分古遗址出土的陶器中鬲的比例更高，通常是用来煮饭煮粥，尽管宝山文化中也有陶鬲出土，但数量很少。此外与宝山文化相比，路家河文化在年代上更早。赵丛苍进一步推测，作为路家河文化主人的巴人的一支，"于商代早期晚些时候向西北方迁徙，逆江而上，大约于大宁河或其他河谷通道北上进入汉水流域，遂至秦岭南麓湑水河沿岸的城、洋地区驻足"，创造了宝山文化。而四川学者普遍认为宝山文化是四川蜀文化影响的结果。

就此考古学界展开了更大规模的研究和讨论，曹玮当时邀请过各地专家来汉中，仔细观察过城固、洋县出土的青铜器，北京大学考古文博学院教授李伯谦、中国社会科学院考古研究所研究员施劲松、北京大学历史系教授朱凤瀚、北京大学考古文博学院教授孙华、美国加州大学洛杉矶分校艺术史系教授罗泰等人都曾撰文参与讨论。学者们各显神通，有的从器物形态观察，有的从装饰艺术着眼，有的从青铜工艺讨论，有的从器物出土地点下手。

学者们注意到，商核心地区、四川、陕西关中、长江中游制作的青铜器都曾在汉中出土。而汉中本地制作的青铜工业产品，在形式上相当简单，在铸造上并不需要如二里岗、安阳所要求的高超技巧，并且没有证据可以指出，汉中为一处主要的青铜器制造中心。在整个青铜时代，此地大部分青铜器很可能均是从邻近地区进口而来。青铜容器大多由商朝核心地区或长江中游地区传入，而非容器则主要来自渭水盆地及成都平原，其连接路线很可能南通长江中游盘龙城，北经关中老牛坡，当地制作的青铜器可能最多作为辅助之用，无法取代进口器物。

城固县龙头村曾发现二里岗式青铜容器，美国加州大学洛杉矶分校艺术史系教授罗泰认为它们既可能是在制作数个世纪后被当地人带回汉中埋藏，也可能是在二里岗时期便已经到达汉中，但两种猜测都缺少充足的证据。

罗泰还注意到，如镰形器、矛、顶泡、戈、面具等兵器在汉中所有出土青铜器数量上的高比例，也许意味着青铜器交换活动背后的推力不仅是贸易，还可能是军事。他通过研究城洋青铜器群的出土遗址埋藏时间，认为多集中于商周过渡时期，并根据古籍文献推断，当地所存有的地方政权曾为周王击败商的同盟之一，如果城洋青铜器群为此地方政权的遗迹，则那些发现于此地的、来自商中心地区的华美青铜器，便可能是从安阳带回来的，是掠夺自商王祖传神殿的战利品。

罗泰曾经将三星堆和金沙时期成都平原比作"文化实验室"，二里头、二里岗、安阳和西周，以及周边地区文化的元素在这里混合，产生了不同的结果。随着不断的考古发掘和研究，学者们已经逐渐确立起了成都平原从新石器时代直到东周时期一脉相承的文化发展谱系，罗泰进而推测汉中也属于此"文化实验室"的一部分，认为汉中有可能在晚商至西周早期的过渡之际，成为东亚大陆两大早期青铜文明，即黄河盆地与成都平原之间不可或缺的交流结合点。

李伯谦也认为宝山文化是多种文化交汇的地点。"汉中出土商代青铜器的族属，不是非此即彼那么简单，而是一个十分复杂的问题。比较多的学者将宝山文化和三星堆文化、路家河文化看作一个大的文化系统。三星堆文化属于早蜀文化是大家公认的，如果路家河确是巴文化，那么既有某些路家河文化因素，又有某些三星堆文化因素，且还出土了大量商代青铜器的宝山文化暂时称为巴蜀文化，也许是比较稳妥的。"

显然，如果没有更新的考古发掘，城洋铜器群的铸造年代、埋藏年代、产地、族属等问题，依然会保持含混和争议。而赵丛苍如今依然在耿耿于怀自己在宝山没有发掘到大型墓葬或陪葬坑。90年代他曾在宝山山顶上看上一块土地，地层理想，看样子也有很多陶片，但那片地归一位倔老头所有，老头在地上种了一片橘子树，不愿和赵丛苍谈，怎么也不让他们挖，赵丛苍就没有发掘那片地。几年后树都病死了，再过几年倔老头也没了，那片地则成了赵丛苍留下的一个遗憾。

（撰文：张星云。参考资料：赵丛苍编《城洋青铜器》，曹玮编《汉中出土商代青铜器》）

汉中铜器群重要器物

方罍（张雷摄）

方罍

作为酒器或礼器的商兽面纹方罍，是1976年城固县苏村小冢铜器点出土的两件方罍中的一件。此上有四种纹饰，颈饰饕餮纹，肩部饰夔纹，腹上部为涡纹间饰夔纹、下部饰蕉叶纹，通体花纹，制作极精，在一定程度上代表了当时中国青铜器发展的高水平，目前在国内出土的同等级别的方罍，不超过10件。洋县所藏的方罍上还有"亚伐"两字铭文，是商首都世系之名，被认为是首都制造。

蛙纹钺

钺由斧发展而来,在商周时期除用作兵器之外,还有象征王权、祭祀等多重功能,晚商蛙纹钺便是一种权力和威严的象征物。此件蛙纹钺于1979年在洋县范坝铜器点出土,由钺身与内两部分组成,钺身前部有半圆形刃,正中有一肢体分明的伏蛙形象的镂空花纹。内为长方形,中间有一圆形横穿,造型、纹饰都较为独特,被认为有巴蜀青铜器的风格。

蛙纹钺

四足鬲

鬲最早发明于新石器时代晚期,是北方的一种典型炊具,通常用来煮饭煮粥。此件四足鬲在1981年于城固县龙头镇铜器点出土,颈部一周饰雷纹,四足各为一个有目有鼻的兽首形,填以阴线变形云纹。通常鬲为三足,此造型的四足鬲目前在全国同类器物中仅此一例。此外有学者认为,能在汉中发现鬲,说明北方文化曾翻越秦岭传入这里,另一个对比是,在三星堆遗址中没有发现鬲。

四足鬲

人面具与兽面具

1976年城固县苏村小冢出土了大量青铜人面具与兽面具。这些面具可能于作战、仪式舞蹈时佩戴,也可能是盾扣。目前全国只有三星堆和城固出土过如此集中和丰富的人面具和兽面具。城固出土的面具外凸内凹,眼眶深凹,眼球外凸,透雕獠牙,五官位置与人面部相近,与三星堆出土的人面具很不相同,却与江西新干大洋洲商墓出土的双面神人青铜头像有一些相像,更与西安老牛坡遗址出土的铜人面具极其相似。处于关中的老牛坡是典型的商文化遗址,因此有学者以此判断商中心文化曾翻越秦岭进入汉中。

人面具(张雷摄)

镰形器(张雷摄)

镰形器

在汉中地区出土的700多件商代青铜器中,有颇多的镰形器,数量在顶尖泡、透顶泡和直内三角戈之后,排在第四位,可以说是汉中出土商代青铜器中最有地方特色的器类了。有些学者认为此为某种特殊兵器,而李学勤、曹玮和赵丛苍都将其视为舞蹈仪式中所挥舞的仪仗器。而从类型学上分析,这类器物通常源自璋形器,后者是以青铜器模仿龙山时期以来玉璋和石璋的形式。在四川境内,玉璋和石璋在精英阶级的物质文化中具有特别显著的地位,因此如果汉中确实存在与四川平行发展的青铜文化,这类器物也是一种证明。此外赵丛苍曾在发掘宝山遗址时从烧烤坑中发现镰形器残片,进而作为确认宝山遗址与城洋铜器群为同一种文化的证据之一。

(文字整理:张星云)

炭河里：走进"宁乡青铜器群"谜题

与广汉三星堆一样，四羊方尊所代表的湖南宁乡青铜器群，是一个令无数考古学家魂牵梦萦的谜题。20世纪，在湖南宁乡这个远离商代政治文化中心的边缘地区，却出土了一批异常精美的青铜器。这批青铜器是谁铸造的？它们为什么会出现在这里？

"命途坎坷"的四羊方尊

现藏于中国国家博物馆的四羊方尊，是最具国民知名度的青铜器之一。它被分类在博物馆古代中国展厅的"夏商西周时期"区域，作为有别于中原地区所谓"周边各族"器物群的开端，与四川广汉三星堆、江西清江吴城出土的青铜器并排陈列。尽管它是一件难得的珍品，造型逼真复杂、工艺高超精良，却并非来自当时社会发展最高水平的中原地区，而是出土于尚属蛮荒的湘江流域。

当人们聚集在四羊方尊周围认真端详这件国宝时，很难察觉它是被修补拼凑起来的。事实上，四羊方尊的一部分仍被遗留在湖南省博物馆的库房内。1952年，在湖南省文物管理委员会工作的文物专家蔡季襄清理一批国民党遗留物时，发现一个箱子里盛放有二十多块青铜碎片，他判断这就是失踪已久的四羊方尊。

1938年，长沙古董商赵毓湘、杨镜祥等4人集资从宁乡县黄材镇万利山货号购得此器后，因为分赃不均闹到了长沙县政

四羊方尊(湖南省博物馆供图)

府,很快被政府没收。这件精美的青铜器引起了世人的兴趣,8月27日长沙《力报》撰文,称其为"周代古鼎","惜一盖为土工挖坏,已成大小六块"。

时任湖南省政府主席的张治中对它爱不释手,还放在办公室几案上时常把玩。迫于舆论压力,张治中最终将四羊方尊器身交于湖南省银行保管。1938年11月,为躲避日军,湖南省银行西迁沅陵,途中遭遇日军空袭,四羊方尊器身被炸成20多块,一直沉睡于此箱子里。

文物修复专家张欣如在1954年,花费两个多月,使这件国宝终于恢复昔日的身姿。1959年,四羊方尊从湖南省博物馆被调往了中国历史博物馆(今中国国家博物馆)。然而,此时没有人知道还有两块"原装"残片仍被遗留在湖南境内,直到1963年,

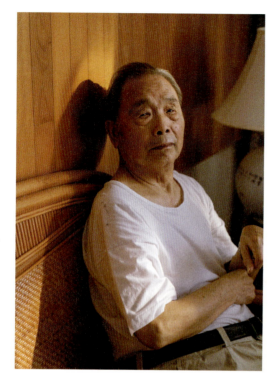

湖南省博物馆原馆长高至喜（黄宇摄）

时任湖南省博物馆考古部负责人的高至喜找到了它们。

关于这件事的经过，高至喜仍然记得非常清楚。尽管已是89岁高龄，但当我们在广东江门见到他时，老先生告诉我们，自己正在忙于汉墓研究出版前的最终校对工作。对长沙汉墓资料的研究整理是他近18年的主要工作。高至喜是湖南省博物馆第四任馆长，也是青铜器专家，四羊方尊、炭河里和马王堆等重要考古发现串联起他传奇的一生。

发现最后两块四羊方尊残片，有些偶然。1963年7月1日，正在宁乡黄材镇做考古调查的高至喜决定去一趟附近的月山铺。月山铺在宁乡西北12公里的位置，他听蔡季襄说，传闻当地有位老婆婆曾发现20多件商周青铜器，后来却下落不明。蔡季襄原本是位有名的古董商，1949年前一直从事文物的收购贩运工作，对这些消息非常灵通。

正值夏季雨水多，从黄材往月山铺的路被大水冲垮了，高至喜和负责发掘的老技工漆孝忠步行了一上午，抵达月山后，挨家挨户地打听，却没人知道半点线索。不想放弃的高至喜当天夜宿在月山公社，第二天又继续在村里四处拜访，下午便来到了村民姜景舒家中。

姜景舒告诉高至喜，1938年他在地里挖红薯时，曾挖到一个有着四个"水牛头"的家伙。这东西很硬，离地表不远，姜景舒以为是挖到了石头，开始没太在意，又举起铁锄挖了几下，可是怎么都挖不动，他和自家兄弟把周围的草清理掉，发现了这尊体量颇大、黑漆漆的物件。因为觉得这是件宝贝，他们把它抬到了黄材，以400大洋的价格卖给了当地的古董商。

姜景舒从家里拿出一块铜片给高至喜看，这是他用铁锄不小心从器物上敲下来的。高至喜仔细打量这块巴掌大的残片，心里怀疑姜景舒口中这件青铜器就是四羊方尊，"花纹和颜色都有点像，厚度也很相近，特别是口沿部分"。高至喜便请姜景舒带他去发现地点实地看看。

发现点离姜景舒家很近，他们只步行了一公里多。姜景舒指着黎家冲屋背后转耳仑的山腰，表示就是此地，可是这离传闻四羊方尊的出土地"沩山"有些距离。高至喜很快想到，在宁乡话里，沩山和月山的发音类似，大概是记载有误。

高至喜出价15元想买下这块残片，姜景舒嫌钱少没有答应，"他说这个旧货比黄金还贵，不卖"。因为关于老婆婆的事情没有查到任何头绪，隔日高至喜就从月山回到了宁乡。后来他把四羊方尊残片的事情告诉了县文物局的干部周佑奇，叮嘱他一定得想办法收回来。

周佑奇没有辜负嘱托，做足工作说服了姜景舒将文物残片无偿捐献给了湖南省博物馆。县里还给姜景舒发了一支钢笔、一个口杯和10元钱作为奖励。一起收上来的，还有另一块残片，看样子应该是羊角的部分。原来当时姜景舒留了个心眼儿，并没有把两件残片都展示给高至喜看。姜家至今还保留着1977年周佑奇写下的收条："今收到月山公社龙泉大队茶园生产队姜景舒同志古铜两块（即四羊方尊之部分）。"

2007年四羊方尊首次回到湖南省博物馆展出，已经退休的高至喜，受邀将馆藏残片与四羊方尊进行了比对。那块大些的残片表面平滑，应该是口沿。但高至喜先把残片对准了口沿一侧，花纹没有对上，又换了一边，还是不对，直至试到最后一面时，这块残片上的花纹才和四羊方尊的器身合为一体，确实是四羊方尊的残片。"这可以确证四羊方尊出在月山，沩山是错误的。"高至喜对我谈及这段往事时强调道。

宁乡青铜器之谜

实际上，自四羊方尊出土后，宁乡县黄材地区又陆续出土了许多铸造精美、风格多样的商周青铜器。高至喜最初开始接触青铜器，便是在此背景之下。

1954年11月，从北京大学第三届考古工作人员训练班毕业的高至喜被分配到湖南省文物工作队从事田野工作。1959年，湖南省博物馆派驻到长沙毛家桥废铜仓库的师傅，收上来了一批宁乡出土的青铜器碎片。当时正是全民大炼钢铁的年代，金属制品是重要的回收物资，许多流落民间的青铜器无人识得，便被送到

大禾人面纹方鼎
（黄宇摄）

了废铜仓库，在进行简单分拣后会被送往冶炼厂。湖南省博物馆负责在毛家桥废铜仓库挑拣文物的师傅发现了一块疑似文物的青铜碎片，跟踪追找，最终从毛家桥废品站和株洲废品站回收了十多块残片，经过初步的拼对，发现只缺了一条腿与底部。

这些碎片运回博物馆后，也是由张欣如进行修复。拼凑起来的完整器物，就是后来被评为国宝的"人面方鼎"。这也是现在发现的唯一一件以人面纹作为装饰的青铜鼎。高至喜对此进行了调查，1960年专门撰写发表了一篇文章《商代人面方鼎》，开始了他对青铜器的研究。

与这件人面方鼎一起送回省博物馆的还有包括象纹大铙、虎纹大铙、兽面纹大铙在内的5个大铙。铙是一种打击乐器。据调查，是宁乡县黄材镇炭河里的一个农民，在当地老粮仓师古寨的山顶上挖出了这批青铜铙，卖给了废铜收购站在宁乡的供销合作社。供销

社将这批"废铜"运到了长沙毛家桥废铜仓库,所幸在冶炼前被挑拣了出来。

和人面方鼎的命运稍有不同,这5个铙实在太大、太重了,敲也敲不烂,所以还基本保持了原貌。但高至喜记得,有件体积小一些的象纹铙,纹饰稍微平一点,下面有一截被敲打破碎的痕迹,应该是农民曾试图把它砸碎了卖钱,但没有成功。

四羊方尊、人面方鼎、象纹大铙……这批规格等级和艺术价值都极高的商周青铜器,在经过调查后,其出土地点都指向了同一个地方——宁乡。就在高至喜出发去月山寻找老婆婆的前一个多月,1963年5月17日,宁乡县黄材公社寨子大队一名叫姜伏宗的会计,在大水过后渡河,发现河中心似乎有个物件,捡起来后发现是件形似罐子的青铜器,里面还装有许多玉器。姜伏宗把这批东西送到了省博物馆。经清点后,省博物馆的研究人员发现这是件高25.9厘米的"兽面纹提梁卣",里面装有1172件玉珠、玉管。

高至喜决定去现场看看,调查文物具体的出土地点和周边环境。6月30日,也就是高至喜找到四羊方尊残片的前两天,他和漆孝忠来到了宁乡黄材镇上。姜伏宗带领两人来到炭河里附近的一条河道中。炭河里位于沩水与其支流塅溪河交汇处的河洲里。他们沿河往上游走了20多米,发现塅溪河南岸有一处遗址。遗址上面是炭河生产队的菜地,由于河岸已经被大水冲垮,文化层暴露了出来。高至喜从地里"抠"出几十块陶片,纹饰有方格纹、篮纹、人字形纹等,器形有带扉棱的锥形器足、敛口折唇器口沿等。他判断,这应该是一处商代晚期到西周早期的遗址,兽面纹提梁卣应该就是被大水从遗址内冲出来的。

当晚,高至喜在当地公社组织了社员大会,表彰姜伏宗的贡献并奖励他90块钱,还鼓励社员以后多多提供文物线索。会上,

◐ "皿而全"铜方罍(黄宇摄)

社员张运香立刻发出邀请,表示他可以来自己家看看。隔日上午,高至喜在张运香家里发现了一件商代晚期的兽面纹分裆鼎。

张运香称这件分裆鼎本是大小两件,1962年4月他从水塘湾棉花地里挖出时,大鼎套在小鼎上,三足朝天。起初张运香觉得不吉利没敢要,几个月后再去,看到两个鼎还在,方才捡了回来。得知大鼎已经被卖给了供销社重新锻造,高至喜便以数倍于废铜的价格将小鼎买了回来。

联系到黄材当地及周边这些青铜重器的发现,高至喜于1963年在《考古》第12期上发表文章写道,这批青铜器既与中原商代青铜器有许多相似之处,也有许多明显的地方特色。他大胆提出,"宁乡黄材这一带地方,在殷周时代,很可能曾一度为南方一个政治、经济和文化的中心"。

"提到商代青铜器,要说精品,必须是湖南多。"高至喜分析道,对比湖北盘龙城、江西新干大墓出土的大量商代青铜器,湖南省境内发现的青铜器"基本都是从废铜仓库里抢救出来的,真正通过考古发掘的少"。不过,无论是四羊方尊、人面方鼎还是象纹大铙,无一不是商代最高水平的代表作。

然而商周时期,宁乡地处人烟稀少的南方地区,为何这里会出现大量精美的青铜重器?高至喜凭直觉感到炭河里遗址可能是揭开谜底的重要线索,但由于考古专业人员紧缺,配合基建工程的考古任务非常繁重,这条线索始终悬置着。等到炭河里遗址的秘密被人揭开,已经是2000年初。

寻访炭河里古国遗址

三次针对炭河里遗址的考古发掘,是向桃初自嘲可以靠此

向桃初站在堎溪河中,因为下雨,河水漫过了通往对岸炭河里遗址的道路(黄宇摄)

"吃一辈子"的发现。现在已是湖南大学岳麓学院教授的向桃初,在2001年至2004年间主持了对炭河里遗址的大规模考古发掘,确认此处存在一个城址,年代为商代晚期到西周中期。炭河里遗址是湖南省境内现在发现的唯一一座商周古城址,为"宁乡青铜器之谜"找到了直接证据。

炭河里国家考古遗址公园如今是宁乡着力打造的一项旅游项目。早上不到9点,向桃初从位于长沙市区的湖南省文物考古研究所接上我们,一路驱车抵达炭河里遗址时,已是中午将近12点。古人主要靠水运交通,但炭河里远离了湘江主干道,位于湘江下游西岸的一条小支流——沩水流域上游的黄材盆地西部边缘。

为什么古人会选择在一个如此偏僻的地方修筑城址?当我们穿过喧闹的景区,深入到遗址保护区后,面对眼前景色,我感觉

炭河里:走进"宁乡青铜器群"谜题

内心已有了答案。5月正是湖南多雨的季节，细雨朦胧中，水波迢迢的煅溪河和黄材河之间是一片绿色的平原，平原的尽头是黛色的群山，勾勒出一幅美好的画卷。我想，先民们可能和我一样被眼前的美景吸引，便决定在这里建立自己的家园。

黄材盆地三面环山，炭河里位于盆地西部，背靠雪峰山。"湖南境内的文化基本是以雪峰山为界。"向桃初告诉我。雪峰山是湖南境内延伸最长的山脉，也是中国地理三级阶梯中第二阶梯与第三阶梯的分界线。雪峰山以东是长江中下游平原，雪峰山以西是云贵高原。唐代，雪峰山以东的长沙、湘潭、衡阳、株洲等地区被称作潭州大都督府，而岳阳、怀化等区域则属于荆州大都督府，直到清康熙才将两边划为同一行政区。"古时候雪峰山两边交流很少，文化差异很大，即便到现在两边的风俗习惯也很不一样。"向桃初补充道，"湘江流域商周的青铜文化，便处在雪峰山以东。"

山岳为炭河里的先民提供了抵御外敌的天然屏障，同时，煅溪河和黄材河从这里汇集成沩水河，一路往下，流入湘江，最后经洞庭湖入长江。沩水发源于雪峰山脉东麓的沩山，流经宁乡、望城，是湖南商周青铜器出土数量最多、分布最密集的区域。沿着沩水往下，高砂脊遗址便位于望城县城北郊沩水入湘江的河口沙洲上。1998年，湖南省文物考古所曾在此发现两座贵族墓葬，随葬的青铜器与以宁乡黄材为主的湖南商周青铜器群具有相似特征，被认为具有相同的文化背景。

"高砂脊位于沩水的入口，而炭河里在沩水上游盆地最靠西的位置，强敌只能从下游方向过来。只要把入口守住，炭河里就安全了，高砂脊相当于一个小型要塞。"向桃初与我们分享了他的推测，最初高砂脊可能只是一个要塞，但由于炭河里要向外发展，或许也曾迁都高砂脊，占据湘江干流的位置。

"高砂脊墓葬中发现的青铜器大部分属于本地风格，仅有两件鼎属于中原风格，但既可能是本地仿中原制造，也可能是从中原流入的。炭河里现在还没有发现过大型墓葬。但即便是在炭河里作为政治中心的时期，高砂脊肯定也是一个重要的二级行政机构所在地，因为它毕竟处于湘江和沩水交界地。"不过，由于从明代开始历朝历代都在反复修建湘江大堤，高砂脊遗址大部分被破坏，很难进一步证实向桃初的猜想。

因为高砂脊遗址的发掘，国内外学术界将破解湖南商周青铜器之谜的希望寄托在了沩水流域，并将湖南商周青铜器群概称为"宁乡青铜器群"。向桃初认为，解开"宁乡青铜器群"的谜题，炭河里遗址或许是关键。

连续几日的大雨，令塅溪河水面上涨，淹没了原本的石板路，我们脱鞋赤脚渡河来到了河洲的遗址上。遗址的东南角是一片木桩，向桃初告诉我们这里曾是一座规模很大的房屋建筑，或许是宫殿性质的建筑。现在木桩的位置下面是他们考古发现的圆坑，这些直径1米左右的圆坑排列规律，应该是建房子时候埋柱子的柱洞。根据柱洞的结构可以看出，这是两个方向一致、并排相对的大型房屋。它们规模相近，中间有一条走廊。

2001年向桃初第一次带队前来考古发掘时，在此开挖了5个探方。在距地表约1米的地方，他发现地层中有段黄色黏土构成的土层，厚10—30厘米，呈直线，里面含有烧土块和少量陶器残片。向桃初意识到这应该是人工修筑的台地或者建筑遗址，没敢继续往下挖，便覆土掩埋，直到2003年获得了国家文物局对炭河里遗址大面积发掘申请的批准，他才又来到此地。经过一周的持续发掘后，两座形似宫殿的建筑遗址展现在世人面前。

两个大型房屋遗址被命名为"1号宫殿遗址"和"2号宫殿遗址",大的那间规模推测约为1000平方米。"这下面至少有两个时期的宫殿,最下面的那个时期的宫殿规模比上面的更大。"因为不敢毁坏上层遗址,向桃初只敢做解剖观察,发现底下柱洞的直径更大,约1.2米,这代表着房子面积可能更大,规格可能更高。"不过宫殿遗址大部分已经被毁了。"向桃初示意道,炭河里遗址上有许多洼地,但又非常平整,显然是人工开凿的痕迹。

从两座宫殿遗址旁流淌而过的是黄材河,在细雨中我极目望去,可以看到黄材河上游的黄材水库。黄材水库修建于20世纪50年代末至60年代中,是当时全国著名的三大土坝工程之一。"当时修大坝的土很多都是从这里挑过去的。"向桃初说。因为两条河流常年冲刷,炭河里城址留下的部分本就不多,黄材水库的修建又令剩余城址的文化层遭到极大破坏,"原来的台地很高,修大坝时大概取了一米多厚的土"。不过这也很好地解释了为什么当时会集中出土一批青铜器,人面方鼎正是当地农民在工程取土时,从地里挖出来卖到废品站的。

大型宫殿遗址的发现,令向桃初又重新注意到1994年他在炭河里遗址调查过的一段土堤。当时当地老百姓说这段宽10余米的土堤是蒋介石去重庆修的公路,向桃初听后开玩笑说,这明明是个城墙,但内心也没当真。"因为你看,黄材河和塅溪河这两条河离得这么近,中间夹着这么小块儿地方,怎么可能有城,完全是硬伤,当时觉得这儿可能就是个小型聚落。"

这段土堤位于炭河里遗址的西北部,长约200米,高1米多。我们从宫殿遗址步行过去大概只需要5分钟。向桃初向我们介绍,土堤和宫殿遗址之间的部分他们也曾进行过发掘,但只发现些小型房屋结构，整个遗址由于农耕劳作被破坏得太过厉害。

"这是城内的第一条壕沟。"向桃初指着土堤内侧一条铺设着鹅卵石的道路说。壕沟所在的位置早已经被当地村民填成平地变成了农田，后来经过考古发掘，发现这里存在一条三四米深的沟渠，与城墙方向一致，才确定是壕沟，在遗址公园设计展陈时铺上了鹅卵石。

经过对土堤的解剖发掘，向桃初确认这的确是人为修建的一段城墙。但奇怪的是，他们在城内发现了两条壕沟。"这两条壕沟，都在城内，幅度基本一模一样，我当时想破脑壳都想不明白。"随着进一步的发掘，向桃初推测，这两条壕沟是作为排水系统存在的。当炭河里城市规模扩大时，人们需要往外扩建生活区，这才将第一期城墙废弃，修建了新的城墙，伴随着新城墙修筑的是第二条壕沟，而第一条壕沟遭到了废弃，被生活垃圾所填满。

在发现大型建筑遗址和城墙之后，向桃初开始寻找与城址同时期的墓葬。确定一个城址并不容易，城的出现说明了这个地方是一个人口稠密的政治文化中心。很快，他在城墙附近的台地上发现了三座年代大约为西周时期的墓葬。墓葬规模不大，但根据出土的青铜器残片和玉器可以判断，它们应该属于贵族阶层。有了这些发现，向桃初向所里汇报，并邀请了知名考古学家严文明前来做最后确认。2003年12月18日，严文明表示，炭河里遗址有城。

但为什么会在一个距离河流这么近，水患严重的地方修筑城址？原来，锻溪河与黄材河都曾改道。向桃初通过查阅资料和勘测研究，发现黄材河在1979年大水时便曾改道，一条距离现在南岸150米处的古河床才是商周时期黄材河南岸所在的位置。锻溪河古河道的位置则更远。现存炭河里遗址只是原来城址的西北部分，只占原本面积的七分之一大小，城的大部分都已经被河流冲毁了。

有趣的是，进一步的探测发现，炭河里古城原本应该为圆形，这与中原的方形城址不同，但与湖南澧县城头山大溪文化的史前城址形状类似，显然继承自本地文化特征。此外宁乡青铜器群的出土地点，都在高山、河岸这些奇怪的地方，城址内部反而没有发现什么青铜重器。

向桃初认为这也是当地文化特征的表现，"中原地区祭祀祖先神，可能会在城里建一座宗庙，把青铜器放在宗庙里。但湖南商周时期的青铜礼仪与中原完全不同，这里社会发展有限，仍然处于崇拜自然神的阶段。许多青铜大铙都发现在山顶，人们或许相信通过铙这种打击乐器可以与天神沟通，在山顶与神距离更近。此外，部分中原样式的青铜器可能已经不再用作祭祀，而是作为财富的象征，所以才会内置玉器一同出土。炭河里地区人们使用青铜器的方式，与中原地区相比已经发生了巨大改变"。

炭河里人从哪里来？

那么，在远离中原文化的湘江深处，是谁在这里修建了炭河里城址？他们为何拥有这么多代表先进文化的精美青铜礼器？这一直是湖南考古学界争论不休的问题。

以高至喜为代表的老一辈专家认为，在商代晚期或者商末，一支殷墟移民或者从岳阳沿着湘江流域南下，或者从常德、益阳一路抵达洞庭湖南岸，再沿着沩水溯江而上，在炭河里建立了自己的国家。这群来自中原的移民，带来了少部分像是兽面纹、巨型瓿这样具有典型中原文化特色的青铜器，同时也带来了先进的

湖南省博物馆关于本地历史的展厅。陈设说明写道,商代早期就已经有中原人越过了长江,到达石门皂市。到了晚期,部分殷人的支系和氏族进入湘水、资水中下游,带来了青铜铸造技术,开启了湖南的青铜文明(黄宇摄)

技术。经过一段时间的发展,这些在炭河里驻扎下来的工匠,开始自己制作融入湘江当地文化特色的象纹大铙、猪尊等器物,并通过文化交流对中原的器物产生了影响。

然而,以向桃初为代表的革新派,却对此有着截然不同的看法,他们认为炭河里城址的时间要更晚,应该处于商末周初。因为在殷墟时期,洞庭湖东岸已经成为费家河文化的天下,这里文化发展程度较低,与炭河里截然不同。而湘江流域的商文化,在盘龙城被废弃、作为前哨的铜鼓山遗址很快没落后,基本也荡然无存。他们认为建立炭河里城址的,是武王灭商后,一群商遗民携器南逃到了湘江流域。因为是逃难,所以他们最终选择了远离湘江干流、位于沩水流域的炭河里。

在向桃初看来,这些遗民并没有占据绝对的主导地位,他们应该是与当地的土著形成了同盟,共同建立了炭河里古国,所以才铸造了许多具有当地风格的器物,并且青铜器的用途也产生了变化。更重要的是,他认为尽管有着许多商代中原风格的器物,但由于大部分青铜器都是从废品站收回来的,无法还原其出土环境信息,并不能证明这些器物是在商代被埋藏,"反而有不少共同出土的器物能证明其埋藏年代是在西周及西周以后"。

这段争论持续至今仍没有答案。湖南省文物考古研究所现任副所长高成林坦承这是一个不好解决的问题。湖南省商周青铜器的来源问题颇有分歧,有着多方面的原因。首先是因为湖南的青铜器多数并非考古发掘出土,缺少出土背景和共存器物。即使是来自中原地区商末周初的青铜器,仅靠器物自身的特征来进行断代,本身就不精确。另外,湖南省商周青铜器中还存在许多少见于中原地区的当地青铜器,缺少年代明确的器物进行比较。

高成林基本认同向桃初提出炭河里遗址的年代应该在西周的看法。但他也认为,关于湖南省商周青铜器中年代更早、推测是殷墟一、二期的青铜器,其来源问题并没有得到很好的解释。为了重新解释这部分问题,高成林和所里年轻的馆员盛伟将目光投向了澧水流域。2001年后,湖南省文物考古研究所等单位针对湖南境内的两条主要河流澧水和沅水流域进行了调查,他们发现沅水上游的文化面貌属于巴蜀地区系统,而澧水下游还是受到商文化影响的文化面貌。"这么多典型的属于商人的青铜器,我们觉得还是要追寻到商文化系统所在的澧水流域。"高成林说。

在远离市区的铜官窑国家考古遗址公园内,几栋不起眼的大楼里,静悄悄地陈列着省考古所最新的研究发现。随着湖南省境内考古事业的推进,市区的办公楼不够用了,省考古所将文物修复部门和标本室都移到了此处。在历史时期考古标本室里,盛伟

➔ 这种C形扉棱是湖南本地有别于中原样式的青铜器装饰(黄宇摄)

带我们参观了他们针对澧水进行考古发掘后收集到的陶器标本。

既然无法从青铜器本身进行分析，高成林和盛伟选择以陶器作为研究序列。陶器因为寿命短、变化快、数量大，是进行文化变迁研究的主要对象之一。推开标本室大门，一排排不同类型、已经修复后的陶器，按照年代以铜鼓山、费家河、炭河里、高砂脊、澧水流域的顺序进行排列。

从2013年开始，盛伟先后带队对澧水流域的星星遗址、斑竹遗址和宝塔遗址进行了考古发掘。他们发现了大量的陶器和少量的青铜小件器物，依据这些陶器他们建立起澧水流域商周时期完整的发展序列，而通过陶器之间的比较，澧水流域与湘江流域商代遗存之间的关系也越发清楚。

他指着一件毫不起眼的高颈罐讲道："澧水流域的序列非常完整，我们可以看到这种罐子它是怎么从那么高的脖颈变成矮颈的。而在炭河里我们也发现了许多类似的罐子，是从这里演变过来的。"他又示意我们看另一个假腹豆，"这件假腹豆的器形是从中原传来，但是这个时期已经完全本地化了，器形、纹饰都产生了变化"。

盛伟认为，"商代晚期，澧水流域影响到了湘江流域，两地之间的联系趋于频繁。到了商末周初，随着炭河里的崛起，这里成为吸纳周边区域文化的中心，吸引了大批来自澧水流域的移民"。他和高成林都开始倾向于一个新的推测：商代晚期，在商、周对长江中游的争夺中，当地土著居民选择了站队。澧水流域的文化与巴蜀文化关系一直比较密切。巴蜀参加了武王伐纣，因此澧水流域的居民可能站在了周人这边。战争胜利后，周人分封，对象除了宗亲、功臣和先王，也包括像巴、蜀这样交好的边远异族。炭河里或许便与巴蜀类似，不仅获得了土地和器物，还分得

盛伟在湖南省考古所的历史时期考古标本室（黄宇摄）

了工匠，自此湘江流域才有了能够制造大型青铜器的能力。

那么，炭河里古国到底是哪个国家？历史学家李学勤曾根据西周铜器铭文中关于"相侯"的记载，认为"相侯"即为"湘侯"。他认为"湘侯"为西周早期周王所封，推测湘侯的封地即在今湖南北部的湘江流域。这似乎为高成林与盛伟所持的分封说提供了证据。

不过当我把这个说法抛给向桃初时，他丝毫不认同。"第一，现在看来大部分青铜器最后是到了炭河里。如果是因为澧水下游的人参加了灭商，分得的青铜器怎么会这么多？炭河里又怎么会成为一个集散地？其次，楚国的祖先鬻熊，他是周文王的老师，是南方参加灭商有名有姓的八个国家之一，但他只被封了一个子爵。那么为什么湘江这个小国可以封得一个侯爵？"向桃初仍然

炭河里：走进"宁乡青铜器群"谜题　　**227**

坚持，是商末遗民们在湘江流域建立了自己的国家后，为了寻求发展，向西周求得了一个封号，而西周朝廷大概认为这样一个偏远小国，难以干预，便给它封了一个侯爵。

这些问题，也许永远都没有答案。如果漫步湖南省博物馆，那些最精美、最引人注目的青铜器基本都属于宁乡青铜器群。在炭河里之后，湘江流域的青铜文化很快没落了。高成林分享了他和向桃初一个共同的观点，"从整个长江流域的青铜文化来看，湘江流域并不处于一个文化的中心位置，不宜过分拔高。落后地区由于不具备大量生产青铜器的条件，有时一些工匠反而能做出些非常漂亮的器物，这完全取决于工匠的水平。当时一批具有高超技艺的工匠可能来到了炭河里，但随着他们的去世，这些工艺很快就失传了"。

在湖南省博物馆的地下库房，我们有幸见到了四羊方尊的两块残片。其中羊角残片应该是新近被切割掉了一块，露出了原本金灿灿的样子。省博物馆副研究馆员吴小燕向我们介绍，2015年他们利用新技术对口沿和羊角的残片进行了取样分析，发现羊角和器身都是铜锡铅合金，但采用了不同的合金配比，这证明四羊方尊不是一次性铸成，而是分铸的。同时，其合金成分与殷墟二期妇好墓出土的青铜器相似，可能是商代晚期贵族使用的重要礼器。

历史的真相难以拼凑，但正如高成林所说，"经过一代一代人，我觉得学术总是会有进步的"。

（撰文：陈璐。实习记者彭丽、路雅亦有贡献）

湖南的商代青铜重器

豕形铜尊

商，1981年湖南省湘潭市九华船形山出土。商代猪尊仅此一件。湖南出土的青铜器中有不少动物造型的器物，比如四羊方尊、猪尊、象尊、虎卣、牛觥。这些动物造型的青铜器，少见于同时期的中原和其他地区，却都堪称商周青铜器物中的扛鼎之作。其中象、虎、水牛这三种动物由于只常见于长江流域，所以学术界普遍认为这批青铜器属于湖南本地铸造。

1981年初，湘潭九华公社的朱桂武在盖新房时，挖出这件商代猪尊。经调查，其出土地点位于湘江对面的山坳里，附近没有其他器物，属于窖藏出土。这件猪尊的形象是一只孔武有力的野公猪，猪背上有椭圆形口，腹内可以盛酒。口上有盖，盖在出土时已经残缺，文物专家根据残存情况，将其复原成凤鸟状。

豕形铜尊（黄宇摄）

豕磬

豕磬

商，2012年湖南省汨罗市白塘乡出土。磬是一种打击乐器。目前所见的豕形磬数量不多，皆为湖南出土。这件豕磬，其豕鼻上卷，背脊上有5个凹形棱脊下有可供穿绳悬挂的圆孔。豕体表面分布9枚形状一致的乳丁，同时磬身还装饰有云雷纹、鱼鳞纹和旋涡纹。

象纹铜铙

商，1959年湖南省宁乡县老粮仓师古寨山顶出土。铙是我国现存最古老的青铜打击乐器，高大厚重，集中出土于湘江流域及周边地区，专家们认为这应是湖南本地制造的一种极具特色的青铜器。铙有自己的演变体系，商代晚期流行的大铙在西周早期继续流行，到西周中期终于被甬钟取代。甬钟具备了后世编钟钟形的基本构成要素。宁乡老粮仓师古寨陆续出土了19件青铜大铙，其中1993年出土的一组9件编铙，证明铙在当时已经被成套使用。

宁乡象纹兽面纹大铙

兽面纹提梁卣

商，1957年湖南省株洲市废铜厂收集。这件提梁卣的器形基本与中原地区同类器物相似，但又带有湖南本地特征，应该是本地模仿中原同类铜器制作的仿造品。其顶盖上的菌状捉首，以及提梁略呈"U"状，两端为龙首，有阴口与腹部凸起的柱状子口相扣的钩连方式，都与湖南本地出土的提梁卣相似。其制作者可能是本地土著，也可能是迁入湖南的北方人。

兽面纹提梁卣

虎食人卣

商，湖南省宁乡县沩山镇辖区出土。湖南省商周青铜器不少流失海外。目前现世的虎食人卣有两件，一件藏于日本京都泉屋博物馆内，根据资料记载，出土于宁乡与安化交界的沩山附近（今属宁乡县沩山镇辖区）；另一件则藏于法国巴黎赛努斯基博物馆（Musee Cernuschi）。这两件卣的造型均为一蹲踞的老虎怀抱一人，张口将其头部置于虎口内，大小几无差异，纹饰风格相同，毫无疑问由同一工匠制作。

虎食人卣（泉屋博物馆藏）

湖南的商代青铜重器

"皿而全"方罍

"皿而全"铜方罍

商，1919年湖南省常德市桃源县水田乡茅山峪出土，被誉为"方罍之王"的"皿方罍"，是中国青铜文化鼎盛时期的代表作。罍是商代中期至春秋时期流行的一种酒器，"方"即器体呈方形，"皿"是作器人的族名。该器盖铸有"皿而全作父己尊彝"八字铭文，器身铸有"皿作父己尊彝"六字铭文。自1919年"皿方罍"出土后，其器身和器盖便被分离，器盖由湖南省博物馆收藏至今，而器身流落海外近百年，直到2014年以2000万美元洽购回国，入藏湖南省博物馆，才得以盖身合一。

华容东山尊

华容东山尊

商，1966年湖南省华容县东山镇出土。该尊是同类器中最为高大的一件，并且具有一些典型湖南商周青铜器的特征。例如，这件尊的肩部，三个羊头状的牺首和三只立鸟相间排列，同时其腹部和圈足间有三个很大的"十"字形镂孔，从腹部到足部三条凸起的扉棱呈现连续的"C"字形。这些特征在中原青铜器上均未发现，仅见于长江流域。因此，包括华容东山尊在内的这类器物，被认为属于地方型青铜器。

（文字整理：陈璐。未署名图片及文字资料提供：湖南省博物馆）

商代江南：吴城 – 新干大墓 – 牛城

1973年吴城遗址的发现，打破了"商文明不过江南"的旧说，同时也为南方商代考古树立了年代学标尺。80年代末新干大洋洲大墓475件青铜器的出土，让人们领略了这一方国都邑独具特色的青铜文明的魅力。随着新干大墓附近牛城遗址得到越来越多的重视，人们发现新干大墓更像是牛城遗址这座略晚于吴城兴起的都邑中心的王陵。吴城与牛城究竟是什么关系？清江盆地围绕两城一墓的这个商代"吴城文化圈"，显然比人们预想的更为复杂。

吴城遗址：商文化过了江南

位于赣江中游清江盆地的樟树市吴城乡吴城村，在1973年发现商代遗址前，一直是一个默默无闻的小山村。近半个世纪过去了，吴城以长江以南最早被发现的年代明确的商代青铜文化遗址，早已闻名天下。我们在江南的梅雨季节，踏着青草与裸露其间的红泥土到达这里。走近约4平方公里的遗址区，东北面像几个手指一样向远方伸出的水库，正是当年修建的吴城水库。不远处隆起的长满青草和树木的土台，便是吴城残存的城垣。城垣外还保留着一块稻田，三三两两的黄牛漫步在附近草地，一切依然显得那么静谧。

吴城遗址是1973年8月初为配合兴修吴城水库进行考古调

1975年7—9月,江西省博物馆考古队与清江县博物馆联合对吴城遗址进行第四次发掘

查时发现的。同年9月到12月,江西省历史博物馆考古队进行了第一次试掘。为了明确遗址性质,博物馆委派领队李家和将试掘的陶片标本送往北京鉴定。如今已90岁的李家和,依然清晰地记得当时的情景:"我就带着陶片到北京跑了一趟,背了一大包,先到我的老师苏秉琦家让他看,苏先生看了以后对我说:'这是夏商之物。'"

之后,这些来自吴城的印纹陶片被带到故宫武英殿,供大家鉴定讨论。时任北京大学考古教研室主任的苏秉琦,打电话让青年教师李伯谦也来看,之后希望他带1972级考古班的部分同学去吴城实习,于是便有了1974年秋天,北大历史系考古专业与江西省历史博物馆、清江县博物馆联合对吴城遗址进行的第三次发掘。

这三次发掘,初步将吴城遗址的文化堆积分为三期。《简报》认为:"吴城一期常见的鬲、豆、罐、盆等器物,与郑州二里岗商代遗址的同类器物较为接近。吴城二期的鬲与安阳殷墟早期的鬲近似。吴城三期的扁体瘪裆鬲与西周初期的典型瘪裆鬲基本风格一致。"历史学家唐兰据此进一步明确提出:"第一期相当于郑州二里岗上层文化,时间为商代中期;第二期相当于安阳殷墟文化的早期和中期;第三期约略相当于殷的晚期,可能延续到周初。"

虽然发掘已经结束,简报也出了,但李伯谦对遗址的性质判断一直很犹豫:是根据其内涵中有几何形印纹陶片,像过去一样将这三期遗存称为几何印纹陶文化,还是因为其中包含有一些类似郑州商城出土的鬲、盆、豆、罐、大口尊等器物,将它们划归商文化遗址呢?

时隔多年,李伯谦向我们回忆道:"挖出很多有几何形印纹的陶器,还有一些是带釉的,这在北方很少碰到。后来发现,这里没有几何形印纹陶的这批陶片和郑州发现的商文化很相像,不仅纹饰相像,器形也很相像,比如鬲、盆,还有一些酒器。这些东西和印纹多的差别很大,所以我们说能不能分成两组。"

"印纹陶这个词不太准确,应该是几何形拍印纹陶,因为这个纹样是用陶拍拍上去的。"李家和告诉我,在南方广大地区很早就发现了印纹陶,不过早期学术观点都认为属于新石器时代。

1978年,在庐山召开的"江南地区印纹陶问题学术研讨会"上,李伯谦宣读了他经过长期思考写作的《试论吴城文化》。在这篇文章中,他把吴城出土的器物分成两组,其中包含较多几何形印纹硬陶、釉陶和原始瓷器及少量铜器、石器的甲组器物,被认为是吴城文化的主要因素;包含陶器、铜器和石器、具有浓厚商文化作风的乙组器物,居于次要地位。据此,他提出将这一受到商文化强烈影响的地方文化遗存命名为"吴城文化"。也是在这篇文章中,李伯谦将吴城遗址第三期进一步定为殷墟三、四期。前三次发掘中,吴城遗址出土一把青铜刀,此外还有采集的凤首铜盖,也就是说,吴城文化是一处商代江南的青铜文明。

吴城遗址的发现,意义非凡,正如多次参与吴城遗址发掘的江西省文物考古研究院研究员周广明所总结:"第一次在江南发现了商文化考古遗存,打破了'商文化不过长江'的旧说。当时还有一个重要意义,树立了南方地区商代考古的年代学标尺。"

从1973年到2002年,吴城遗址先后经过10次考古发掘。1986年9月的第6次发掘,是周广明第一次参加吴城遗址的发掘。那次发掘最重要的发现是一条鹅卵石长廊式道路,"南方地区一下雨,道路就和泥浆一样。那条路上面铺了鹅卵石还有陶片,红烧土,路旁边还有柱洞,我们觉得这条路等级很高,当时只有半年时间发掘,就没有再挖下去,回填掩埋起来了"。

吴城遗址一段残存的城墙。在约 4 平方公里遗址分布区中心，是一座 61.3 万平方米的商代中晚期都邑古城（缓山摄）

这条路的完整揭示，要等到 6 年之后的第 7 次发掘。曾参与那次发掘的樟树市博物馆馆长李昆向我回忆那条大家口中的"神秘之路"："1992 年的考古发掘，刘林当时是领队，周广明是副领队，当时派给我三个探方，让我解决吴城这条神秘之路通向何方，还有整个地层叠压关系。天天刮地皮，有几个重大发现：第一，这条路慢慢变细，拐弯以后有个祭祀广场，出现了房屋的迹象，推测为议事厅或祖庙。一路扩方，发现路又拐弯了，有个祭祀台座。台座旁边，清理出来是一个柱洞群。"

道路、建筑基址、祭祀台座、红土台地、柱洞群等组成了大型祭祀广场。祭祀广场的出现，大大提升了吴城遗址的等级。李昆还记得 1996 年吴城遗址被公布为全国文保单位时，官网上的

由道路、建筑基址、祭祀台座、红土台地、柱洞群等组成的大型祭祀广场，处于整个遗址的中轴线上（缓山摄）

一段描述："该遗址属于商代中晚期的都邑遗址，对探讨南方商周青铜文明及中国文明起源具有重要意义。"

随后的发掘中，吴城作为一个都邑遗址的面貌渐渐清晰起来：吴城城址坐落在约4平方公里的遗址中心区，城垣周长约2960米，至今仍残存多段城墙，61.3万平方米的城内分布着制陶区、居住区、铸铜区和祭祀区，城址南关外的正塘山则是一片比较集中的墓葬区，出土了青铜矛、青铜戈、青铜剑、青铜罍、青铜锛等随葬品。

商文化怎样影响吴城？

← 吴城遗址中通往祭祀台的道路，依然保留着红烧土、鹅卵石和陶片，陶片上各种各样的印纹正是吴城印纹陶文化的集中反映（缓山摄）

吴城遗址的考古发掘虽然告一段落，但围绕遗址文化性质的争论始终没有停止。首要的问题在于，吴城遗址所代表的青铜文化，究竟是中原商文化的一支，还是发源于当地的土著青铜文化？

"土著说"的代表人物李伯谦，通过对吴城遗址文化内涵的分析，认为吴城文化是受商文化强烈影响的土著青铜文化，曾任江西省博物馆馆长、江西省考古研究所所长的彭适凡，在此基础上，进一步论证吴城青铜文化的主人，是百越的一支——扬越。

虽然吴城文化的"土著说"已成为目前学界主流观点，不过李家和谈及自己的"中原说"观点，依然充满坚定："经过吴城遗址这么多次发掘，我坚持认为，吴城这个商代遗址主要应该是中原文化，中原的夏商文化应该是经盘龙城顺江而下。我后来在80年代做了很多工作，沿着盘龙城，顺流而下，到瑞昌铜岭铜矿、德安的石灰山，还有九江的龙王岭遗址，这条线我基本打通了，越靠近盘龙城越早。应该说，江西得天独厚，铜矿比较多，当时应该是为了矿藏而来。吴城这帮人在中原究竟是哪一族？我后来在一个很大的硬陶纺轮上发现了一个'雀'的形象，推测是商代中原的雀或其的族徽。"

其实不管是"土著说"还是"中原说"，均不否认中原商文化对吴城的强烈影响，二者最大区别在于，究竟是商文化还是地方文化占据主导因素。仔细翻阅吴城考古发掘报告，不难发现在吴城文化一期遗存中，商文化占据主导因素，而依据李伯谦的观察，在吴城文化最兴盛的二期遗存中，本地文化因素占据主导，并且在三期中有不断增强的趋势，据此他才提出"吴城文化"的概念。

可以追问的是，吴城文化一期（相当于二里岗上层）中占主导地位的商文化因素从何而来？越来越多的人意识到，吴城文化在接受中原商文化影响路径中，湖北黄陂盘龙城遗址的重要性。根据学界主流观点，盘龙城遗址主体遗存是与以郑州为中心的商文化相似，属于具有一定地方特色的商文化类型，其年代跨度从二里头文化晚期到商文化的殷墟早期。盘龙城是如何突然衰落的呢？盘龙城遗址博物院研究员刘森淼在《盘龙城文化衰落与商王武丁南征》一文中，提出盘龙城作为荆楚都城，早商时期与中原商文明联系密切，在商王朝国力衰退屡迁都城后，又一度背叛过商，因而在殷墟一、二期之际，被武丁征讨而亡。这一逃亡四散的场景被描述为："在经过一番激烈的抗争之后，只能四散逃命。其中一支逃往江西，与原来活动于赣江中游的土著合并，形成了后来的吴城文化；一支逃往湖南，亦与原来的土著合并，形成了费家河与宁乡一带商晚期文化；还有一支可能逃往鄂西山地。逃往湖南的一支，在西周以后逐渐向江汉平原西部发展，并与逃往鄂西山地的一支会合，终于形成了强大的东周楚文化。"

只是，如果认为吴城遗址一期关于二里岗上层的年代可信，显然在那时，盘龙城尚不曾覆灭，可商文化的影响已很强烈。况且，从吴城文化一、二、三期来看，更多出于一种渐进的自然演进。如此看来，盘龙城的人直接南下建立吴城文化的观点，似乎值得商榷。而与诸多中原部族南下说相对，李伯谦在1997年发表的《长江流域文明的进程》一文中，认为"吴城文化对商文化则主要是'择优而从'的学习关系，二者之间看不出多少强制的因素"。这一影响路径，正是通过李家和等考古人对赣北一系列重要商代遗址的发掘与研究，从赣北到赣南，渐渐清晰起来。富有意味的是，这两位老同学看似矛盾的观点，竟然在这里不期而遇。

另一方面，尽管"吴城遗址作为长江下游地区受中原商文化强烈影响的土著青铜文化的方国都邑"的观点日渐深入人心，但这里始终没有发现高等级墓葬和宫殿基址，成为困扰许多考古学人的问题。这一切，伴随1989年新干大洋洲大墓的发现，看似得到了部分回答，却也同时将吴城文化的讨论，引入更为深入复杂的地带。

新干大墓,掀起江南青铜王国的面纱

隔着赣江,西岸的樟树市吴城村距离东岸的新干县大洋洲乡程家村,大约 20 公里左右。不过,在 1989 年 9 月 20 日新干大洋洲大墓被发现前,人们并不知道,这两个村子在商代的关系如此密切。

新干大墓是当地农民在程家村涝背沙丘掘取沙土时发现的。这里西濒赣江仅 1 公里左右,每年下半年,附近几个村子的农民都要取沙土维护加固赣江堤坝。与吴城遗址有些相似,新干大墓附近也有一个用来蓄洪抗旱的水库——中棱水库。

9 月 20 日下午,夏塘村的一个村民在掘取沙土时,一锹下去挖到了一件古色斑斓的青铜圆腹鼎。这件"大香炉",包括此前在附近发现的一些出土了墓砖、铜钱和陶罐的汉至清的小型墓葬,让村民们联想到一直以来在当地流传的"三把半伞"的传说:据说,很久以前这一带有好几个形如雨伞的封土堆,后来只剩下三把半,这些土堆与"九缸十八瓮"的财富传说联系在一起。很快,大家连挖带刨,又挖出了大大小小十几件青铜器,哄抢一空。

消息报告到县里,相关领导到达现场时,已是晚上 8 点。到 21 日凌晨 3 点,大部分被哄抢的文物交了上来,共 12 件青铜器,还有一麻袋被砸碎的铜器碎片。这批最先被哄抢的青铜器,后经修复,得方鼎、圆鼎、甗、卣、钺、矛等共 17 件,其中就有那件通高 1.05 米、重达 78.5 千克、有"中华甗王"之称的四足铜甗。后任此次考古发掘领队的彭适凡,在上海的家中告诉我,虽然大部分遭抢的文物被追回来了,但仍有漏网之鱼。一件虎耳虎形扁足鼎,高 30 厘米的扁足在清理时发现不见了,1990

年在英国苏富比拍卖行被拍卖。一件伏鸟双尾铜卧虎，"出土的时候还是两半，右边的獠牙不见了"。彭适凡退休之后，在古玩市场遇到一个收藏爱好者，才得知虎牙的下落，几经波折，终于在2012年使其完璧归赵。

9月21日上午9点，正在5公里外牛头城遗址发掘的詹开逊等4名省考古队队员，得知消息后赶到现场。他们此时甚至很长一段时间里，并不知道牛城遗址与新干大墓更为密切的关系。詹开逊等人到了现场后，一边进行小探方的试掘，一边把消息报告给省里。

21日下午4点，彭适凡等人到达现场。他向我描述当时的情景："人山人海，修堤坝的群众全停下活，包括周围赶来的人，里三层外三层包围。我们钻进去，詹开逊他们正在发掘。沙坑里显露出了多件青铜器，一件斜卧着的方鼎，立耳上卧有圆雕的老虎，这不正是典型的商代晚期器物吗？"此前，詹开逊便在一件扁足鼎碎片上，发现了与1978年在樟树三桥横塘出土的虎耳虎形扁足鼎一样的虎耳。两人马上意识到发现的重要性。为了现场安全，詹开逊在县领导的要求下，无奈地将小探方中发现的青铜器先取了出来，其中就有那件塞满沙土的四羊铜罍。

9月25日，新干大洋洲考古发掘队正式成立，考古队在沙丘周围划出一个40米×60米的保护范围，在10月底搭起2米高的竹篱笆围护墙，于11月6日开始正式发掘，田野发掘一直持续到12月4日结束。就这样，在这片赣江边的沙地下，考古队员一共发掘出青铜器475件，玉器754件（颗），陶、硬陶、原始瓷器139件。新干大墓，成为继河南安阳殷墟、四川广汉三星堆之后又一震惊世界的发现，是不折不扣的江南青铜王国。

彭适凡告诉我，对于遗址的性质，他们在发掘时便经过讨论，认为墓葬的可能性更大。据1997年出版的考古报告《新干商代大墓》描述，考古发掘队在取出全部暴露遗物后，对底层沙土呈色与包含物分析后，将所有出土器物所在的区域划为：标高-2.15米，东西长约8.22米、宽约3.6米，沙色带灰，内含铜锈和腐殖质较多，边界较为清晰的长方形区域称为A区；A区中部略偏西，东西向长约2.34米、宽约0.85米，沙色灰中带黑，腐殖质含量更多的长方形区域称为B区；标高-1.55米的平面上，各宽1.2米。南北两端不太整齐，长度无法确定的区域称为东C区和西C区。报告认为，C区为墓葬的二层台，A、B两区则为一棺一椁的位置。同时，考虑到遗物分布大多有规律；青铜器中绝大多数为日常生活中用到的礼乐重器和兵器、生活工具；多数兵器和工具都装有木柄，按一定方向规整放置；绝大多数青铜器裹有丝绢，保存完整，使这批遗存不像祭祀坑的性质。墓主人的残骸虽然没有保存，但在遗存中发现属于三个不同年龄个体的牙齿和猪牙，则不排除人殉和杀牲的可能。

然而，上述理由并不能说服所有人。对于遗存的性质，"墓葬说"之外，"祭祀坑"说也受到不少人的认同，祭祀说又大致分为巫沙祭祀、沉浮祭祀和社祀三种观点。

"墓葬说"最受质疑的地方是埋藏位置就在紧靠赣江河滨的沙地，与古人"择高而葬"的习俗截然不同。此外，考古报告中"长方形棺椁"的描述，似乎也引人诟病。主张"祭祀坑"说的李家和便对我说："沙地里怎么会有有棱有角的墓葬？"当我带着这些疑问向彭适凡求教时，他的回答是赣江的河道有变迁，此外，"这里的葬俗与中原地区完全不同，流行土墩墓的葬俗"。

北京大学考古文博学院教授孙华在《关于新干大墓的几个问题》一文中，回答了针对"墓葬说"的上述质疑。他认为，"在多数情况下，人们是选择地势比生人居住地稍微高的地方掩埋死者，但有的滨水而居的或善于使用舟船等水上交通工具的族群，他们可能选择在河边埋葬死者的方式，四川盆地古代的船棺墓就往往埋葬在距离水边不远的地方。"针对当地人流传"三把半伞"的封土堆，孙华较早提出"土墩墓"的说法："尽管地表用封土作坟丘在中原地区出现较晚，但在南方地区很早就出现了地上封土为坟丘的墓葬——土墩墓。"

遗存性质外，新干大墓中青铜器的时代与埋藏年代同样是大家关注的问题。新干大墓出土的文物既有中原商文化因素，又有土著吴越文化因素以及先周文化因素；有的青铜器具有商代前期特征，有的却明显属于晚商时期，有的甚至类似于西周早期的器物，因而学界对遗存的年代一直众说纷纭，以至有二里岗上层说，殷墟一期说，殷墟早、中期说，殷墟三、四期说，商末周初说，西周中期说和春秋早期说七种观点之多。不过，认为新干大洋洲遗存属于殷墟时期的说法逐渐占据主导地位。

彭适凡、刘林、詹开逊等新干大墓的发掘者，最初根据某些青铜器的分析，推论"新干大墓的下葬年代应在商代后期早段，大体相当于殷墟早、中期"，后来经过对更多铜器的比对，还有墓中出土陶器的分析，进一步将大墓的下葬年代缩小为殷墟中期。孙华后来在驳斥了其他论点后，结合新干大墓的三个碳–14年代数据的最晚一个为距今 3110±330 年，不晚于殷墟中期，进一步强化了这一观点。

也就是说，在吴城遗址最为兴盛的二期，新干大墓下葬。由于很长一段时间以来，人们对距离新干大墓更近的牛城遗址缺乏

江西省文物考古研究院研究员周广明,多次主持发掘吴城遗址和牛城遗址(缓山摄)

认识,很自然地将新干大墓视为赣江对岸吴城遗址的王陵。多次参与牛城考古发掘的周广明告诉我,目前学界的主流观点均认为,新干大墓与牛城的关系更为密切,而非吴城:"从城址规模和特征来说,牛城也是一个方国都邑所在地,它与新干大墓的关系就是都城与王陵。新干大墓出土的陶器类型与牛城更为一致,和吴城则不太一样,因为当年牛城没有发掘,只能与吴城比。只能说吴城里面也有牛城风格的东西,属于交流形成的文化相似性。从器物组合和风格来说,新干大墓的陶器群和牛城陶器群属于一个文化共同体,和吴城则不同。"

大洋洲的耕战民族来自何方？

新干大墓出土的青铜器，共有48件礼器，这批礼器受到中原商文化的强烈影响，有些与二里岗时期器物非常相似，更多则体现为殷墟时期的风格。许多礼器虽具有地方特点，但大多数是对中原青铜器改造而成。国家博物馆与江西省文化厅合编的《商代江南：江西新干大洋洲出土文物辑粹》一书中，描述这批青铜礼器与中原文化的差异为："首先，器类组合与中原有显著差异，新干青铜礼器中，鼎占半数以上，并以中原不常见扁足鼎为主；而在青铜酒器中，只有盛酒器与注酒器，却不见爵、觚、斝、角、觯等饮酒器，与'重酒'等商文化大异其趣。其次，这些礼器没有一件带有中原器物上常见的铭文，也不见新干青铜器兵器及陶瓷器上较为普遍的刻划符号；此外，在造型、纹样等方面，新干青铜礼器体现出浓郁的区域特色，如簋、豆等器的假腹、鼎足及器耳上的立雕动物造型，器身上多见的燕尾纹、变形兽面纹等。"

不过，从大洋洲大墓的青铜器来看，更能体现地方特色的是青铜兵器与农具的大量出现。据统计，新干大墓出土的475件青铜器中，兵器便有232件，位居目前已知商代同类青铜器遗存数量之最。在江西省博物馆的展厅里，周广明提醒我看一件至今通体乌黑发亮的直内铜戈。这是新干大墓中唯一出土于棺内的铜戈。新干大墓出土的青铜农具达143件，品类数量同样位居各地商代农具遗存之首。

"原来大家从新干大洋洲青铜器看，认为它们属于一个重食不重酒的族群。我后来认为这个族群更多反映的是一个'耕战民族'，既能打仗，又能生产。"周广明说。

那么，这些青铜器的主人究竟是谁？这一耕战民族，究竟来自哪里？这便又回到讨论吴城文化主人的老问题，依然存在着土著说与外来说两类观点。在与盘龙城的比较中，李伯谦认为"大洋洲墓葬的死者绝不是如同盘龙城大墓的死者一样是商王朝派驻来的军事首脑，而应该是当地土著部族的首领"。

不少持"外来说"的学者，首先被大洋洲青铜器上鲜明的虎元素所吸引。"江西的大洋洲青铜器、吴城的青铜器，还有湖南那边出土的500多件商代青铜器，有一个共同的现象：用虎纹作为装饰，很多时候用圆雕、高浮雕的方式表现虎纹，使其在所有纹饰中突出表达。放眼整个商时期，其他地方没有这种现象。"原江西省博物馆馆长彭明瀚说。彭明瀚在张长寿提出的"赣鄱地区虎方说"的基础上，将甲骨文记载中的虎方，地望定在长江以南、南岭以北、鄱阳湖—赣江流域以西、洞庭湖—湘江流域以东的古三苗聚居地区，吴城文化与费家河类型商文化便是虎方的考古学文化。也就是说，在他看来，吴城文化，包括新干大墓的主人，来自虎方这个部族。

彭适凡对此并不认同，"他把吴城称为虎方，这样一个南方的方国出了这么多镇国之宝，图腾信仰崇拜，好像很顺理成章。但是仔细研究文献，把虎方拉到南方来讲，有点不妥当。更可能的是，一部分虎方人过来了，一些崇拜老虎的中原人也来了。南方土著主要的崇拜信仰一直是鸟，这些人结合以后，就有了伏鸟双尾铜卧虎的造型艺术，这是典型的文明融合。但是商人也崇奉鸟，也可能是迁徙到这里的商人不忘本的体现，是虎方与商人的融合"。

不管怎么说，学界对于新干大墓这一耕战民族的主人，更多还是各种假说。要真正弄清楚这个问题，便不得不谈到清江盆地中，新干大墓与牛城、吴城三者之间更为复杂的关系。

吴城与牛城：双城猜想

1989年，当新干大墓被发现时，詹开逊等江西省考古所成员正在附近的牛城做发掘。牛城遗址是在1988年修南昌通往吉安的昌吉铁路时发现的。在牛城遗址中，我们仍能看到铁路与西段城墙几乎平行而过。穿过铁路的地下通道，道路旁郁郁葱葱树木下面的台地便是城墙，下面还能看出凸出的部分与低洼的城壕。

"80年代末也对牛城进行了发掘，只说是牛城遗址，没有想到是一个城，没有思考它与吴城、新干青铜器之间的关系。"周广明说。

人们为何对新干大墓附近的牛城遗址迟迟没有重视呢？某种程度上，这与人们对之前在附近出土的一批铜器的认识有关。1976年，当地农民在加固中棱水库的堤坝时，偶然发现9件铜器，其中就有5件被称为"列鼎"的铜器。"在新干挖到鼎后，当地农民把这些东西卖到了樟树市的永泰镇，后来被樟树市博物馆看到是青铜器，就收到了博物馆。"新干县博物馆馆长朱福生告诉我。当时写简讯的作者推断，这批铜器应当出自一座墓葬，年代属西周早期。殷商考古专家唐际根后来指出，由于这批铜器一开始就被定在西周，此后很长一段时间内，学术界也都视其为西周遗存，因此很少有人将其与赣江流域的商文化联系起来。对它旁边的牛城遗址，人们的意识自然也不足够。

2001年，上海博物馆副馆长、青铜器研究专家李朝远首次对这批铜器的年代提出异议，认为它们是"商代晚期"而不是西周文物。2007年，唐际根在樟树市博物馆看到这批铜器后，经过仔细研究，认为中棱水库墓葬中的铜器年代相当于"中商二期"，属于郑州商城与安阳商城的过渡时段。

2006年对牛城的考古发掘中，考古队对城垣开了一个豁口作为解剖面，发现与吴城采用堆筑的方法不同，牛城采用的是夯筑的方法（缓山摄）

詹开逊直到2004年去世前，一直关注着这个遗址。2002年，他对牛城遗址做了整体调查。"他当时已经得了癌症，在这里做了一个调查，第一次提出这里有城墙。我和两个技工跟詹开逊老师一起调查，差不多两个月时间，我们三个人在城内全部走了一圈，采集了很多陶片，还完整修复了一个鬲。那次的目的就是弄清楚城内各大区块的文化堆积。"朱福生回忆。

詹开逊之后，接手牛城遗址发掘工作的就是周广明。2006年开始的这次发掘，带着清晰的问题意识：弄清楚吴城、牛城与新干大墓铜器三者之间的关系，断断续续挖了10年。随着对牛城遗址的深入发掘，周广明越来越感到牛城与吴城之间的差异："牛城与吴城一个最大的区别是，有内外城，筑造方式上，吴城是堆筑，牛城是夯筑。"

周广明告诉我，牛城遗址的年代序列也基本弄清楚了，从殷墟早期一直延续到商晚周初。牛城城垣筑造于商代晚期，那也是牛城最为兴盛的时期。也就是说，两座城址的文化堆积相比，牛城比吴城兴起晚，结束得也晚，它们之间有过一段较长的共存期。那么，究竟应该如何理解二者之间的关系呢？

孙华推测二者的关系，更像统治中心的迁移："我们还注意到，牛城遗址比吴城遗址似乎更注重防御，前者有大城、小城之分，而后者城内没有小城。据此，我们不妨做一个大胆的推测，吴城王国的统治者先是以赣江以西的吴城遗址为中心都城，后来因某种原因，在吴城二期的时候，他们又在赣江东面营造了牛城遗址，并将统治中心从吴城迁到了牛城。在牛城成为中心都城后，吴城并没有废弃，仍然是吴城王国的中心都邑，与牛城一起又延续了相当长的一段时间。当然，也还存在着另一种可能，就是吴城遗址和牛城遗址是吴城文化圈内不同政治实体的统治中心。这两座规模相近的城邑对峙在赣江两岸，或许就是这两个政治实体隔江对立的形象写照。"

周广明更倾向于孙华的后一种推测，他认为吴城与牛城为隔江对峙的两大集团，如果考虑到盘龙城遗址的衰落与牛城遗址的兴起时期几乎一致，强盛一时的虎方地望只能在长江以北。吴城遗址城壕中出土了明显与战争相关的二十多具被砍砸的头骨，周广明做出一个极其大胆的猜测：甲骨文中记述的虎方这个方国，其都邑正在盘龙城，盘龙城衰落之后这批人在赣江东岸兴建了牛城。吴城的衰落，很可能与牛城的进攻有关。

只是，目前牛城考古发掘资料尚未公布，很多有效的讨论，只能期待未来更多材料的公布与研究推进。围绕两座城市的猜想，或许正如唐际根在《商时期赣江流域的青铜文化格局》一文中所说:"牛城与吴城两城址同时存在于赣江两岸,那么它们是分属两个政治体,还是同一个政治体制下的两座并存城址呢?这俨然是当前赣江流域青铜文化研究中最具挑战性、我们却无力回答的问题。不过有一点似乎可以断定,吴城与牛城并非'一兴一衰''先后相继'的关系。商时期赣江流域的社会政治格局,很可能比我们原先估计的要复杂得多。"

与吴城不同,牛城遗址至今仍住着几百户村民。当我们穿越一段内城墙后,一座名为牛城小学的学校出现在眼前,村子里三三两两的村民坐在门廊上闲聊。他们或许意识不到,自己天天生活的地方,还有那么多待解的谜团。

(撰文:艾江涛。参考资料:江西省文物考古研究所、樟树市博物馆编著《吴城:1973~2002年考古发掘报告》,江西省文物考古研究所、江西省博物馆、新干县博物馆编著《新干商代大墓》,中国国家博物馆、江西省文化厅编著《商代江南:江西新干大洋洲出土文物辑粹》,孙家骅、詹开逊主编《手铲下的文明:江西重大考古发现》等。感谢常怀颖、周广明、崔涛、饶华松对采访的帮助)

新干大墓代表器物

立鹿耳四足青铜甗

立鹿耳四足青铜甗

通高 105 厘米，甑口径 61.2 厘米，鬲口径 34.1 厘米，江西省博物馆藏。分为上部大口盆形的甑与下面的鬲，两部分合为一体。为蒸煮器，鬲盛水，甑放置食物，在下引火煮水，蒸汽通过中间的箅片加热食物。在造型上值得注意的地方是它的耳外装饰双重燕尾纹，燕尾纹是吴城文化圈陶器、铜器上的常见纹饰。耳上各立一鹿，一雄一雌，回首相顾，极为生动。鬲通体饰四组展开的环柱角兽面纹。

这件四足铜甗，重达 78.5 千克，体形巨大，气势雄浑，为迄今所见青铜中最大者，有"甗王"之誉。这件铜器出土时，被当地村民抢挖散失，当晚劝说收缴。

铸造工艺方面，除了耳上双鹿，整个器物一次浑铸成形。四足铜甗在商代较为少见，出土时代多为西周晚期至春秋早期。甗上出现了殷墟时期流行的斜角雷纹、上卷尾连体兽面纹、牛角兽面纹等纹饰，耳上加铸立鹿的特点则与新干方鼎、扁足鼎加铸动物造型的风格如出一辙。可以推断，这件器物铸造于商代晚期，体现了当地人对中原青铜器的本土改造。

伏鸟双尾铜卧虎

双面神人铜头像

伏鸟双尾铜卧虎

通长53.5厘米，通高25.5厘米，体宽13厘米，江西省博物馆藏。器形像虎尊但腹底不连，内空，张口，左右各露一獠牙。据新干大墓考古发掘队队长彭适凡说，刚出土时，它右边獠牙缺失流散，后几经周折，才完璧复原。老虎造型怒目圆睁，虎视眈眈，作半起欲奔之势。硕大的虎背上伏卧的小鸟却神态安闲，不惊不惧。虎不惊鸟，鸟不惧虎，充满一种诡谲神秘之美。新干大洋洲商墓出土的不少器物上都有虎的装饰，且风格基本一致，多为突出位置的高浮雕虎纹或圆雕老虎，构成新干青铜文化的主要特色。一些学者据此推测虎可能是墓主人家族的崇拜对象或与其家族历史及传说有一定关系，并将其与商代长江流域的重要方国——虎方联系起来。虎与鸟的结合器虽南北方均有发现（如安阳殷墟出土的妇好觥也是前为虎、后为鸟），但此虎的双尾造型却前所未见。

双面神人铜头像

通高53厘米，面宽14.5—22厘米，上銎长8.5厘米，下管长5.5厘米，江西省博物馆藏。这件器物为一中空的扁平双面人首造型，额部宽，颌部窄，呈倒置的等腰梯形。两面均有中空的圆突目，竖耳上部尖，肥鼻，有双孔，高颧骨，张口露齿，两侧嘴角上翘，下犬齿外卷形似獠牙。头两侧各出一角。整个形象显得神秘恐怖。
在不少学者看来，这件头像的上銎为圆形，下銎为方形，象征"天圆地方"之说，与商周时期出土的其他青铜面具相似，属于一种神灵崇拜的偶像或神器，是人神沟通的媒介。其双目十分特别，塑造了明显凸出的中空双目，向人们传达出某种特殊信息。此类形式的青铜头像，可与四川三星堆出土的大量凸睛青铜神面具对照。与之不同的是，新干的神人铜像并非可以佩戴的面具，而是双面造型。可资对照的是，吴城遗址中出土的红陶面具，也为双面。

兽面纹铜胄

通高 18.7 厘米,口径 18.6—21 厘米,江西省博物馆藏。为圆顶帽形。正面下方开一长方形缺口,左右及后部向下延伸,以保护耳和颈。正面有脊棱,直通头顶。顶部一圆管,用以安插缨饰。正面以脊棱为中线,装饰一浮雕形兽面,双耳作斜长方形,双角斜上外卷。在铸造技术上,整个器物浑铸成形,以鼻为中心对开分型,两块泥范与一块泥芯组成铸型。

胄是作战时防护头颈部的用具,这件器物绿中带黄,光滑透亮,壁厚仅 0.3 厘米,并不给人笨重之感,这也反映了新干大墓所属的族群"耕战民族"骁勇善战的特点。在新干大墓总共出土的 475 件青铜器中,兵器的数量高达 232 件。

兽面纹铜胄

兽面纹虎耳铜方鼎

通高 29 厘米,口纵 18 厘米,口横 19.8 厘米,江西省博物馆藏。这件方鼎的一个重要特征是腹中部所饰一组展体式兽面纹,与新干大墓同时出土的乳钉纹方鼎及立耳方鼎相比,纹饰更加繁缛细密,具有殷墟中晚期的风貌。另外一个显著特征是耳上卧虎。虎的形象在新干大墓铜器上屡见不鲜,它们大多以立体的形式出现于青铜容器耳部。它与另外一件伏鸟双尾铜卧虎一起,同为反映新干大墓青铜器虎元素的代表器物。

兽面纹虎耳铜方鼎

目雷纹方内铜钺

目雷纹方内铜钺

通高35.2厘米,肩宽26.1厘米,刃宽34.8厘米,江西省博物馆藏。这件器物钺身较宽,刃微弧,整体形制刃宽大于肩宽,方内短窄,上有一长方穿,平肩上有两个长方穿。钺体中部开一马鞍形镂孔,形状像嘴角略翘的裂开的嘴巴,露出2排13颗三角形利齿,环饰燕尾纹一周。肩下及周边均饰目雷纹带,纹中宽凹线中有嵌饰红铜的痕迹。整体造型阴森,又有一种怪诞之美。它是国内现存最早采用错金属工艺的商代器物之一,出土时器表有明显的织物包裹痕迹。

根据科学检测分析,新干青铜器属于铜、锡、铅合金,锡含量高达20%,铅含量在10%以下,这与殷墟青铜器合金成分接近,而与江西樟树吴城遗址和新干中棱水库出土铜器的合金成分不同,后者经过检测的6件铜器中,其合金成分除一件扁足鼎外,其余含铜量都在90%以上,属于不含锡、铅或仅含微量锡、铅的红铜。在一些学者看来,同一文化中铜器合金成分却有巨大的差异,反映了在江西这个拥有丰富铜矿资源而锡、铅资源相对缺乏的地区,只有高等级贵族才有使用合金铸造青铜器的权力。合金铸造的青铜器由于加入大量铅后,大大增加了铜液的流动性,从而能铸造出精细的花纹。

合瓦形腔铜铙

通高 43.5 厘米，甬长 18.7 厘米，舞纵 13.7 厘米，舞横 22.8 厘米，江西省博物馆藏。

新干大墓一共出土了 4 件青铜乐器，包括 3 件铜铙与 1 件铜镈，均为南方特有的器物，造型与装饰风格与中原商文化迥异。

新干大墓出土的 3 件铜铙并非成套乐器，与中原的"编铙""编钟"组合有明显差别。事实上，长江以南从未发现过早于东周的成套青铜乐器，原因可能在于南方的礼制活动与中原有本质不同。有学者推测，新干大墓的青铜乐器可能既无军事用途，也非用来祭祖，而是用于当地居民的山灵崇拜，上面装饰的不同花纹，可能象征来自不同地区的部族。出土时，这些大型青铜乐器被摆放在墓主人身边，以象征其权威。

铜犁铧

铜犁铧

长 10.7 厘米，肩宽 13.7 厘米，銎高 1.9 厘米，江西省博物馆藏。

新干大墓共出土两件青铜犁铧。对于这件犁铧的定名及用途，学界有不少争议。一种观点认为，新干青铜犁铧是目前所见年代最早的青铜犁铧，它的出土，将青铜犁铧的出现由战国时期提前到了商代中期；另一派学者则对此持怀疑态度，认为这两件器物可能只是三角锸形铜件。

不管怎样，这件青铜器同样是新干大墓族群"耕战民族"特点的展现。在大墓总共出土的 475 件青铜器中，与农业生产工具、手工业生产工具、渔猎工具相关的器物有 143 件之多。

合瓦形腔铜铙

（文字整理：艾江涛。摄影：缓山，部分文字、图片引自中国国家博物馆、江西省文化厅编著《商代江南：江西新干大洋洲出土文物辑粹》一书）

长江流域青铜时代的文明图景

——专访中国社会科学院考古研究所研究员施劲松

施劲松

"每一项考古发现都或多或少地改变着我们的历史观。"三星堆、盘龙城、赣江流域等地的考古发现让我们确切地认识到,除以中原为中心的商文明之外,在长江中上游还同时存在着一个相对独立的区域性文明。这些发现重构了中国青铜时代的文明图景,也极大地丰富了中国古代文明的多样性。

依据现有考古材料,不同于同时期的中原地区,长江流域商时期的青铜文明是区域性的,考古界至今未能拼贴出文明的全貌,也尚未捋清文化传播的具体流向。

20世纪50年代,位于武汉市黄陂区的盘龙城遗址被发现,它是考古界在长江流域发现的第一个大规模青铜文明遗址。盘龙城的存在,证明了商代文化在长江流域的影响力。80年代,三星堆两个器物坑的发现再次更新了我们对于商文化和青铜文明的认知——在中原文明之外的长江中上游流域,还有一个相对独立的商代青铜文明区域。

"每一项考古发现都或多或少地改变着我们的历史观。"中国社会科学院考古研究所研究员施劲松在接受本刊采访时说道。他常年研究长江流域的青铜器与青铜文化,在他看来,研究商时期长江流域的青铜文明,对于我们理解中国的文明起源意义重大。

三星堆改变历史观

三联生活周刊:您在《面向"未来"的"历史"建构》那篇文章里提到,三星堆遗址的发现改变了我们对中国青铜时代文明图景的认识,改变了我们对"中心""边缘""区域"等一系列观念的理解,甚至于改变了人们传统的历史观,能不能具体谈谈?

施劲松: 在发现三星堆遗址之前,人们对成都平原早期历史的认知主要来自于文献材料。比如,晋代的《华阳国志》对"蜀"就有较多记载,另外还有《帝系》《史记·五帝本纪》等。但这些文献材料大多有传说的成分。三星堆遗址的考古发现不见于文献记载,揭示出的是此前完全未知的历史。

从20世纪30年代开始的发掘到60年代,通过考古发现,学术界已经意识到三星堆可能是古蜀国的一个政治经济中心。但直到80年代,因为在三星堆遗址发现了两个祭祀器物坑,人们才知道那里曾经存在过一种过去从不知道的文明。三星堆的考古发现非常独特,比如写实的青铜人物形象,极具象征性的青铜太阳形器和神树,表现祭祀场景的器物,以及大量用于祭祀的青铜器、玉石器等。这些遗物的形制、含义和功能都揭示了三星堆文化与同时期的商文化并不相同。这个文化的重要特征包括:王权与神权并在,宗教信仰中太阳崇拜居于核心地位;社会上层控制了重要的资源和手工业生产;贵重物品用于宗教活动并为整个社会上层占有,而不是体现个人身份等级的丧葬用品;等等。这个时期成都平原可能已形成了早期国家。由此,我们确切地认识到,除以中原为中心的商文明之外,在长江上游还同时存在着一个相对独立的区域性文明。过去我们认为中原不仅是文明的中心,而且中原以外都是"边缘","边缘"的文化欠发达,但三星堆的考古发现改变了这种认识。

三联生活周刊: 观念的变化,在研究方法上有什么影响?

施劲松: 过去考古材料有限,研究四川地区青铜时代早期的历史和文化在很大程度上需要依靠文献,现在有了大量的考古发现,因此很多研究立足于考古材料。现有的研究大致有两种不同的倾向:一种是结合文献进行研究,比如将对考古发现的解读与《华阳国志》等文献中的记载相联系,甚至相互比对,这类研究通常将三星堆文化视为蜀文化,称之为"早蜀文化""早蜀文明"等;另一种是立足于考古材料而不受文献左右的研究,力图独立地用考古材料来"建构"历史,因这一立场,这类研究还按考古学文化的命名原则而将由考古发现揭示出的文化称为"三星堆文化"。考古新发现带来的影响还在于研究视角的转变。考古发现促使我们在看待商文化和三星堆文化时,不再是简单的"中心"与"边缘"的关系,而是一种"区域"与"区域"的关系,各"区域"之间存在联系与交流，对于各个"区域"的文化应放在更为广阔的时间和空间背景下来看待。

三联生活周刊： 从这个角度来说，三星堆遗址的发掘，对于认识商时期长江流域青铜文明的价值是什么？

施劲松： 三星堆的考古发现说明在长江流域同样存在着发达的青铜文明，这些发现重构了中国青铜时代的文明图景，也极大地丰富了中国古代文明的多样性。

长江流域青铜文明的遗址分布

三联生活周刊： 20世纪50年代发现的江汉平原上的盘龙城是长江流域最早的青铜时代遗址，它在重要性和文化属性上，和三星堆遗址有什么区别？二者有什么关联性吗？

施劲松： 盘龙城的文化和三星堆文化是地处不同区域的两种文化。盘龙城的文化和商文化有密切关系。二里岗时期出现的盘龙城，可能是商王朝在长江边建立的一个据点，目的或许是控制那个区域，以获取长江中游沿岸的铜矿资源。三星堆文化是一种较为特别的区域性文化，它受商文化的影响不多而且是间接的，与盘龙城商文化也没有直接联系。盘龙城遗址虽然不像三星堆遗址那样揭示出一个前所未知的文明，但它的发现对于我们理解长江流域甚至整个中国的青铜文明同样具有重要的意义，至少在盘龙城遗址发现之前，学术界还不认为商文化到达了长江沿岸。所以，每一项考古新发现，或多或少都改变着我们的历史观。

三联生活周刊： 从目前的考古发现看，商时期的长江流域青铜文明的遗址大致是怎样分布的？从分布地点和出土遗物来看，各遗址之间有什么关联性？

施劲松： 长江流域的不同地区都有很多考古发现，彼此也有一些联系，但各区域又都相对独立。在长江上游的成都平原有三星堆文化。长江中游的盘龙城是商文化的一个类型，在那里发现的城址、建筑、墓葬、铜器、陶器等，都具有二里岗商文化的特征。

除了盘龙城和三星堆外，还有两个区域同样重要：一是赣江流域，重要的考古发现有吴城遗址、牛城遗址和新干大墓。新干大墓出土青铜器的类别、基本的形制和纹饰，都与商式铜器类似，比如，有鼎、鬲、甗这样的青铜容器，兵器有矛、钺、戈、镞等。但新干铜器群的组合却有自身特点，如没有商墓中最重要的饮酒器，但有镈和铙这样的乐器，又将大量的青铜工具和农具作为随葬用器，这些特点都与商文化不同，当然也与盘龙城的青铜文化有明显差别。另一个区域是湘江流域,在湘江下游和洞庭湖沿岸历年出土了大量青铜器,很多青铜器都是零散出土,也不是墓葬随葬品。

在长江下游没有发现类似于盘龙城、吴城、三星堆这样的中心遗址,考古材料较为零散,没有呈现出一个较为完整的区域性的青铜文明。但这并不意味着长江下游就没有中心性遗址或区域性的青铜文明。考古学向未来敞开,不断会有新发现,每一项新发现,又都有可能改变之前的认识。

总之,从整个长江流域来看,各区域的青铜文化是一个板块结构,我们还不能将整个流域的青铜文化看成是一个系统。

三联生活周刊:如果不属于同一系统,那各主要遗址,包括刚刚没有展开讨论的赣江流域、湘江流域主要遗址的青铜文明来源路径是怎样的?受哪些地区影响?如何影响?

施劲松:盘龙城的兴建可能与商人开发南方有关,那个区域的青铜文化应直接来自于商文化。江汉平原出土很多商时期的青铜器,其中二里岗时期的青铜器集中于盘龙城及其附近,指示出商人兴建盘龙城的目的应是控制长江沿岸地区而非占据江汉平原。江汉平原出土过殷墟时期的青铜器,表明晚商文化对这一地区仍有影响。二里岗和殷墟时期铜器的出土地点大致呈线性分布,从枣阳、随县等到黄陂,殷墟时期的铜器还出现在长江南岸。青铜器的分布路线,大概可以指示出商文化南下的路线。

赣江流域的青铜文化与商文化有所不同,但显然是受商文化的影响或刺激而产生的。商文化可能经盘龙城、九江一带传入。在九江的荞麦岭遗址就发现有二里岗商文化的因素。

湘江流域的青铜器大致可以分为两类:一类具有浓厚的地方特色,以动物造型的青铜器和铜铙最具代表性,多为零散出土,这类铜器应是当地生产的。另一类是商式铜器,以鼎、卣、觚、爵等器物最多,有的还带铭文,有的出自墓葬,这部分铜器最有可能从江汉平原传入。湘江流域有一部分商式铜器还可能是商末周初由南迁的商人带来的。

三星堆文化的铜器同样应是当地生产的,相关的技术和观念可能来源于西北地区和长江中游。

区域青铜文明的兴衰

三联生活周刊:讨论各个遗址所代表的区域文化,这就涉及一个文化覆盖面的问题,比如以三星堆遗址为核心的三星堆文化的边界在哪里?盘龙城文化的边界和传播范围又有多远？

施劲松：三星堆文化的核心区就在成都平原。盘龙城商文化集中于鄂东南一带，但它可能影响、刺激了赣江流域等长江以南地区。

三联生活周刊：之前看到一些论文，谈及三星堆青铜文明向东交流的一些特点和脉络，这与您之前说的，三星堆是相对独立的青铜文明有出入，这个观点您怎么看？

施劲松：东西向的交流以由东向西的影响为主。成都平原的三星堆、金沙遗址都出土了一些可能来自于东方的青铜器、玉器等。比如，三星堆出土的一件龙虎尊，类似的尊在安徽阜南也有发现，两件尊的腹部都装饰了虎食人的母题。这种富有特色的器物出现在两个地方，可能不是偶然，而是存在某种联系。三星堆的青铜尊、罍两类容器，也与长江中游的同类器物基本相同，这都是交流的例证。说一个区域性的文明"相对独立"，这主要是指它相对于其他文明所具有的独特性，并不是说它是孤立、封闭的。恰恰相反，任何一种具有活力的文明都离不开与其他文明的交流。

三联生活周刊：具体来说，如何界定一种文化的传播、延续，或者仅仅是零散式的文化交流？

施劲松：文化的交流有不同的方式。从考古学上看，器物的传播就是一种交流，但仅此并不足以揭示文化交流的全貌。

如果我们比较两个区域的文化，可以从知识体系和价值体系两方面来衡量。知识体系就是指对实践经验的归纳和总结，比如涉及器物制作、房屋建造等方面的技术，都属于知识体系。价值体系指的是对观念的选择和判断，宗教信仰、丧葬习俗等就属于价值体系。从知识体系和价值体系两方面考察，而不是只注重某类器物的流传，或单纯关注考古材料表面的异同，更能说明不同文化间的关系。我们也可以用这样的视角来考察不同文化间的交流。

三联生活周刊：无论是三星堆还是盘龙城，商时期的长江中、上游青铜文明都相对短暂地繁荣、衰弱和消失，为什么无法延续？整个长江流域为什么会出现这种板块式分布的文化构成方式，而不是像黄河流域一样，有相对清晰的脉络？

施劲松：各个区域文明的兴衰各有原因。盘龙城的废弃与商文化的衰亡直接相关。赣江流域、湘江流域或多或少也都如此。赣江流域的青铜文明在吴城文化之后开始衰落，可能还与当地没有形成成熟的国家有关，湘江流域似乎始终没有形成一个权力统一、集中的社会。

至于三星堆文化，它并没有突然消失，只不过是成都平原的政治、经济、文化中心曾由三星堆迁移到了成都金沙一带，以金沙遗址为代表的文化也属于三星堆文化，不过是另一个发展阶段。大约在西周末期时，"三星堆-金沙文化"才衰落，同时，长江中游的人群进入成都平原，当地的文化才发生彻底的改变。

长江流域的青铜文明都是在相对独立的区域内形成、发展的，它们有不同的史前文化的渊源，与诸如商文明等也有着不一样的联系和交流，因此而形成板块式的结构。

三联生活周刊：从整体上看，在青铜器的铸造工艺、青铜文明的发达程度方面，以三星堆、盘龙城等为代表的长江流域青铜文明，与以黄河流域为核心的中原青铜文明有什么异同？是否滞后？

施劲松：中原地区的青铜文明出现得更早、更成熟、更发达，对外也有强大的影响力和辐射力。长江流域大多数区域接受了中原青铜文明的影响，也正因为如此，一些区域的文明既与中原文明相近，同时又具有自身的特点。在秦汉帝国建立之后，长江流域各区域的文化最终也都融合到统一的秦汉文明之中。

三联生活周刊：目前的研究阶段，您觉得现有的对三星堆文化的研究还有哪些不足之处，还有哪些关键性问题有待深入研究？

施劲松：学术界对三星堆文化进行了大量研究，取得了丰硕的成果，但研究总是需要不断推进。三星堆的考古材料非常独特，没有太多可以参照和比较的对象，所以形成了多种多样的理论和解释体系，这就存在哪些理论更具合理性的问题。需要深入的重要问题也很多，比如三星堆文化是如何形成、又是如何衰落的，这个文化最核心的内容是什么，当时的社会结构和国家样态又是怎样的，等等。总之，我们还需要更多的考古材料、更深入的研究，才能逐步"拼贴"出那个时期的成都平原的文明图景。